池崎写真館

ウィニングラン——。集まってくれたたくさんの観客に、勝利を届けられた瞬間は最高だ

試合では常に全力でラグ車を漕ぐ！　髪がなびくのを見てもらえれば、
スピード感がわかると思う。ぜひ会場に来て感じてほしい！

池崎写真館

7
canterbury
nikko am
日興アセットマネジメント
MOL 商船三井
JAPAN
三井不動産
JAPAN
7

写真からでも音が聞こえてきそうな激しいタックルも、車いすラグビーの見所の一つ

池崎写真館

行ってみたかったパワースポットで有名なセドナ（米国）。車で長時間走らなければならなかったけれど、行って良かった

僕の自慢の愛車。
いつもピカピカ。
富士山をバックに
格好いいでしょ？

元全日本ＨＣで僕の良き理解者だったケビン（右）と。ＡＯＣで勝ち取った金メダルをどうしても渡したくて、米国に帰国する時に空港まで行ってきた

ケビンからもらったメッセージ入りのボール。自分を信じること。それは今も心に深く刻まれている

試合前、気合いを入れる瞬間(中央が池崎)。黒のポロシャツ姿のスタッフも含め、全員で戦っている

「色紙がないから、僕の腕に書いて！」というリクエストにも応える。次の男の子の腕にも書いた

池崎写真館

池崎が通うジム「アーバンフィット24文京音羽店」にて。マシン「ワイルドチェスト」で大胸筋を鍛え、ストロングポイントである瞬発力を上げるトレーニング

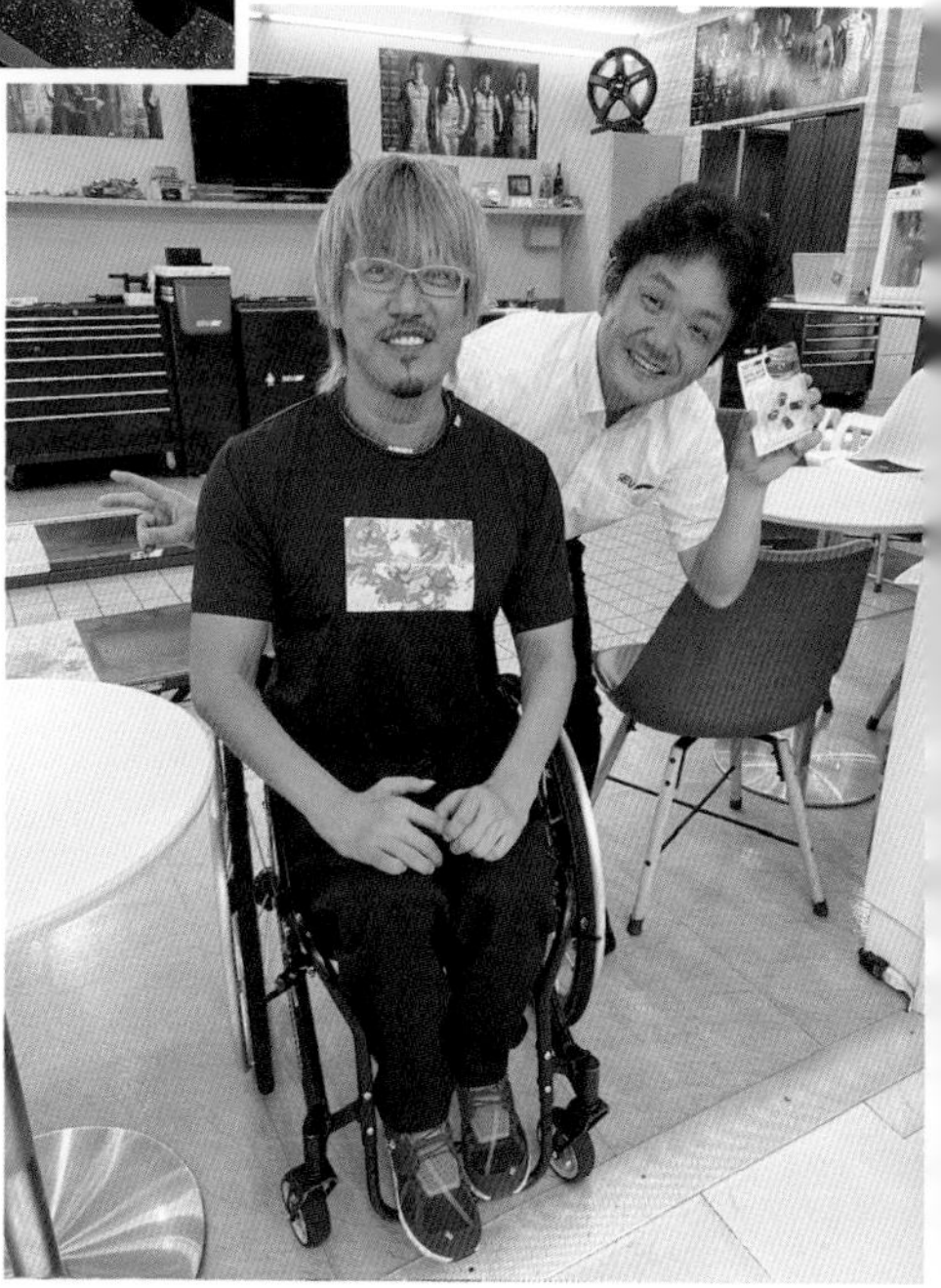

株式会社ＷＦＮ取締役営業本部長の嵩秀隆さん（右）と。特許技術SEV（セブ）を使った健康・スポーツ用製品や、普段の車いすが楽に漕げるSEVエアバブルキャップが池崎の生活の支えになっている

7
JAPAN
三井不動産
池崎
写真館

「新時代

車いすラグビー日本代表　池崎大輔が見つめる未来」

【ごあいさつ】

どうも、池崎大輔です。

職業は、プロのパラスポーツ選手です。

トレードマークは、茶髪、ヒゲ、メガネ。

好きな食べ物は焼肉と寿司、ラーメン。

車いすラグビーに出会って、今年で16年になります。

そんな自分のイメージというと、どうなのでしょうね。

「あの少し怖そうな人？」、「あの車いすバスケの人？」と言われることが多いけど、いやいや、皆さん、間違えていますよ！

僕はイカツイかもしれないけど、中身は全然怖くないし、車いすバスケではなくて車いすラグビーの選手ですからね！

とはいえ、最近ではパラスポーツや車いすラグビーを知る人が増えて、街や飲食店で「あ！」と気づかれたり、声をかけられることもあります。

正直、すごく嬉《うれ》しいし、もっと話しかけてきてほしいくらい。

ただし、声かけは職務質問以外でお願いしますよ(笑)。

今回、パリパラリンピックの前に本を出すことになりました。

車いすラグビーが自分の人生をガラっと変えてくれたこと。

あまり語ることのなかった幼少期。

セカンドライフのビジョン。

普段はあまり喋《しゃべ》りたくないことも、この本で明かしています。

カニをメインに売る海産物店で働いていたので、そのあたりは「サービスしちゃうよ！」

障害の有無にかかわらず、この本を読んだ人が何か自立できたり、気持ちが前向きになってくれればいいなぁ。

「池崎がやれるんだから、俺も、私も！」という感じで。

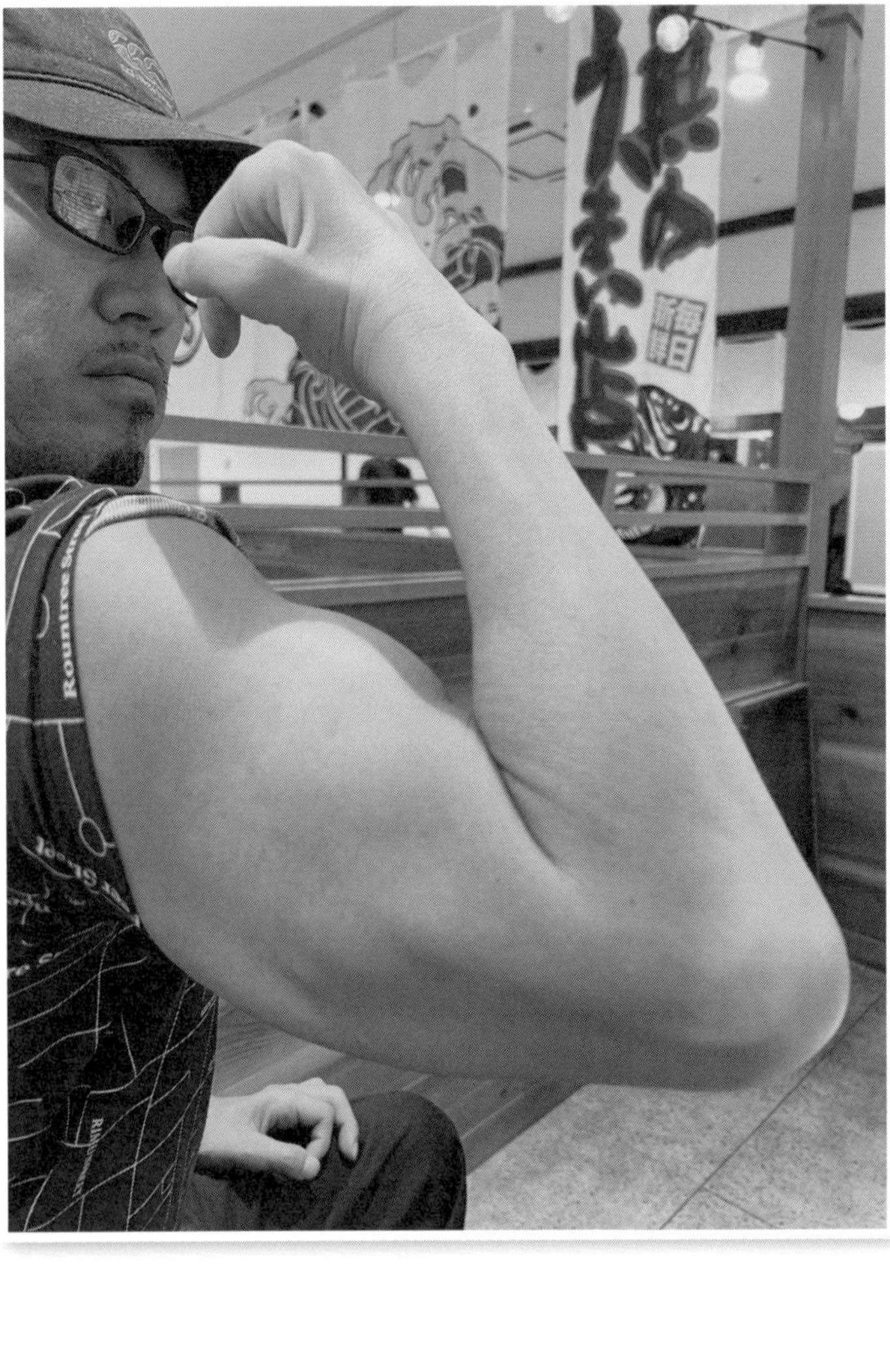
Rountree

どうですか、この右腕！

アスリートなので、一応、各パーツのサイズを載せておきましょうかね。

身長１７１センチ、体重73キロ、足のサイズ24・５センチ、肩幅53センチ、腕回りは右37センチ、左38センチ、胸囲１０６センチ、ウエスト91センチ……他はいいですか？（笑）

体重計には毎日乗ります！

普段よりも、激しい戦いを終えた国際大会の後の方が、体が締まっていますね。

だからといって、普段も全然太っていませんよ（笑）。

トレーニングを中心とした生活を送り、時間のある時には小学校や中学校を訪れて車いすラグビーの体験会や出張授業を行ったり、ラジオで喋《しゃべ》ったり、美容院や日サロ（日焼けサロン）に行ったりしています（笑）。

趣味は車で、車いすラグビー以外の特技は喋ることかな。

その一方で、本当は少し人見知り。

車の話はまた別のところで！

さらに、函館をはじめ、北海道には特別な思い入れがあります。

音楽も、GLAY、JUDY AND MARY、大黒摩季さん……他にもたくさんいらっしゃいますが、北海道出身のアーティストはみんな好きだなぁ。

車いすに乗っているけど、僕はどこにでもいそうな、いたって普通の40代だと思っています。

え、普通っぽく見えない？（笑）　好きなものに対するこだわりは強そう？（笑）

そのあたりも本の中に詰め込みました！

それでは、少々お付き合いください。

プロフィール

池崎大輔（いけざき・だいすけ）

1978年、北海道函館市生まれ。

6歳の時、日本では1万人に1人が発症するといわれるシャルコー・マリー・トゥース病（手足の筋肉が徐々に低下する神経の難病）を発症し車いす生活に。

北海道岩見沢高等養護学校で車いすバスケットボールと出会う。

30歳の時、車いすラグビーに競技の場を移し、その2年後に日本代表となる。

パラリンピックは3大会連続出場中で、今度のパリ大会で4度目の出場を目指している。

2012年　ロンドン大会で4位。

2016年　リオデジャネイロ大会で銅メダル。

2018年　世界選手権（オーストラリア）で金メダル。

2021年　東京大会で銅メダル。

2022年　世界選手権（デンマーク）で銅メダル。

2024年　パリ大会（8月28日から9月8日まで。車いすラグビーの試合日程は8月29日から9月2日まで）で日本悲願のパラリンピック金メダル獲得を目指す。

目次

第1章　人生を変えてくれた車いすラグビー

車いすラグビーができる幸せ

僕はいつもめっちゃ感動している。

大勢の方々に見に来てもらえる車いすラグビーのコートに立てる自分が、どれほど幸せなのか。

どれだけの人に支えられてここまで来られたのか。

このコートや会場を設営してくれた方々、チケットを購入して観戦しに来てくれた方々、車いすラグビーの体験会や出張授業で知り合って会場に駆けつけてくれた子どもたち、いつも支えていただいているスポンサーの方々……。

ライトがまぶしくてコート上から一人一人を確認するのは難しいけど、皆さんの顔を思い浮かべながら、感謝の気持ちを持ってコートに入っている。

こういう気持ちは国内外の試合に関係なく、いつも同じ。

試合を迎える度《たび》にジーンときてしまう。

茶髪、ヒゲ、メガネのイカツイ男が本当にそんなことを思っているのか～？　と突っ込まれそうだが、はい、本当にそう思っています。信じてください(笑)。

試合の時は、宿舎を出て会場に着いたらアップをするという流れだが、だいたい試合の40～50分前には、指定されたコートの脇で待機し、アップができるようになっている。

その時、思うのは、相手どうこうではなく、今までやってきた練習の成果をしっかり出そうということ。

気合を入れて「よしやってやるぜ！」と相手ばかりを考えると、「さぁ倒すぞ！」と、気持ちが逆に硬くなってしまい、頭の中が相手に対する意識ばかりになってしまう。

昔は特にそうだった。

でも、レベルの高い世界の強豪と戦い続けてきた今は違う。

自分たち、特に自分自身が、どんな状況でもしっかり力を出せるようにしていかないといけない。

自分自身をコントロールして、向き合っていかないと自分で納得できるパフォーマンスが披露できないようになってきた。

だから適度の緊張感はいいけど、相手を見て気合を入れ過ぎないようにしている。

そのためにも、自分には感謝が大事で、感謝すると気持ちが落ち着き、いいメンタルに保ってくれる。


対戦相手のシミュレーションは前の日だ。

ダブルヘッダーの時や試合と試合の間が短い場合は、前の日に2試合分考える。

アップの時は無心かなぁ。

かといって、ボーっとしながらやっているわけではない。

頭ははっきりしているし、キャプテンの池(※1)をはじめ、チームメイトからの声はよく聞こえている。

でも、試合中、観客の声は聞こえない。

ベンチにいてもなかなか聞こえないくらい。

味方や相手の選手の声で、コート内はいっぱいだからだ。

海外の会場では、カラオケ屋さんでハウリングした時のようなキーンという音が相手の応援から聞こえた。

そういう音が一斉に来る時もある。


コートの匂い？　また、マニアックなことを聞きますね。

嫌いじゃないですよ(笑)。でも、その国、その土地で違うかな。

フランスの時はフランス、アメリカの時はアメリカの匂いがする。

そのまんま、だな(笑)。

代々木第一体育館や東京体育館の時は、原宿とか千駄ヶ谷の匂いがするというか……きれいに清掃整備してくれた匂いというか、倉庫の匂いもするし。

フランスはフランスパン、アメリカはチキンと言いたいけど……。

うーん、コートの匂いは何と言えばいいのか。
日本だと、やっぱりいいところの体育館の匂いがする……。
いいところの体育館って、いいところの坊ちゃんみたいな言い方だけど(笑)。
ちなみに、車いすラグビーのタイヤがパンクする時、焦げ臭くはない。
どちらかというと、イカ臭いというか、スルメを焼く匂いがする。

※1　池透暢(いけ・ゆきのぶ)選手＝1980年生まれ、高知市出身。2015年から車いすラグビー日本代表キャプテンを務める。日興アセットマネジメント株式会社所属。所属クラブチームは高知県のFreedom(フリーダム)。池崎選手との息の合ったプレーで「イケイケコンビ」と呼ばれる。持ち点は3・0点。

試合中のワンシーン

コートに入ったら、自分やチームメイトを信じて、相手には「走り負けねーぞ！」という気持ちで必死に車いすを漕《こ》ぐ場面が増える。

特に僕は車いすラグビーでは障害が軽いとされるハイポインターだから、相手に走り負けてはならない。

濃密なトレーニングの中で必死に鍛えた上腕二頭筋や背筋。

相手のハイポインターにプレッシャーをかけながら並走する。

「負けてたまるか！」

守備の時は特に腕がちぎれそうになる。

「あいつのパスコースをふさげ！」と叫ぶこともある。

この間、ほんの数秒だが、永遠に感じるような時もある。

ほんの数秒の繰り返しのために、日々、苦しいトレーニングを続けていると言っても過言ではない。

もちろんパラリンピックや世界選手権で戦う相手はみんな強い。

彼らの攻撃を食い止めた分だけ、日本の勝利が近づいてくる。


そして、車いすラグビーの華と言えばタックルだ。

ガッシャーンという響きで会場全体から「おー」という歓声がコートに届くと、ゾクゾクする。

衝撃としては力士同士がぶつかるくらい激しいと思う。

基本的にはそれぞれの車いすに守られているから、タックル自体で選手がケガをすることはないのだが、当てられたことによって、車いすが傾き転倒することは多々ある。

でも、タックルは相手を転倒させる時よりも、相手に転倒させられてナンボという気がする。

倒れないと見えない景色がある。

僕たちは手足に障害があり、チームスタッフに起こしてもらわないと、単独では起き上がれない。

コートに車いすごと横になり、天井を向いてスタッフが起こしてくれるのを待っている時、自分は「よーし、このままじゃ終わらねーぞ！」と思う。

これまで何度転倒したことか。

その度《たび》に這い上がり、やられても、もう一度強い気持ちで相手に立ち向かうことが大事なんだと教えてくれたのが車いすラグビーだ。

間違いなく、自分の人生を変えてくれた。

もはや、生活の一部だ。

合宿中でさえ、いろいろな選手にタックルしていたり、叫んでいたりする夢を見る。

夢にまで出てくるのは病んでいるのかなとも思う。

大会前とか、何か不安に感じていることがあると夢を見ることが多い。

それだけ頭と体にプレーを染みこませなきゃいけないから、夢に出るのは仕方ないかもしれないけど。

あ、真面目に書いてしまった。本当は真面目なんです、信じてください(笑)。

車いすラグビーで人生が変わった

僕は元々車いすバスケットボールをやっていて、その後、車いすラグビーに転向した。
競技の場を移して人生が変わった。
バスケのままなら、正直「人生が変わった」と思えたかどうか。
ラグビーをやったからこそ、池崎大輔という価値が生まれたと断言できる。
それはもう人生の転機だ。

車いすバスケ自体は楽しいスポーツだが、私は障害によって握力がゼロで、握力がある周りのバスケの選手にはブレーキング(停止)技術や車いすの操作で全然勝てなかった。握力を言い訳にするつもりはないけど、もっとうまくなりたいと思っていても先に進めないもどかしさが続いた。

ちょうどその頃、車いすラグビーのクラブチーム・北海道ビッグディッパーズの矢島勇作さんという方が「車いすラグビーをやってみない？」と誘ってくれた。今は旭川の神威(カムイ)というチームを率いている。

「車いすラグビーはずる賢い奴がうまくなる」って言われたなぁ(笑)。

うん、確かにそう。

だからって、普段は私、ずる賢くないですよ。

競技の時は、ずる賢い選手に負けないくらいの、したたかさは持ちたいと思っている。

当時、自分自身は障害の進行なのか、ブレーキングの操作がよりいっそう難しくなり、個人的にはボールがさらに重たくなったように感じつつ、プレーヤーとして先があるのかどうか、悩みながらプレーしていた。

そういう時に、車いすラグビーに誘ってもらった。

その矢島さんは、私を2～3年も見に来てくれていたそうだ。

ようやく直接話す機会が見つかり、「車いすラグビーという競技があるよ。両手両足に障害がある人がやるから、あなたもできるよ。やってみないか?」と熱心に誘ってくれた。

意を決して、実際、体育館に体験しに行くと、わからないことだらけ。だいたい、車いすラグビーがどういう競技か、わからなかった。車いすバスケ以外、パラスポーツもあまり知らなかったし……。

車いすバスケ時代をこれまで語ってこなかったこともあり「え～、池崎さん、本当に、車いすバスケをやっていたんですか?　幻だったんじゃないですか?　バスケじゃなくて街でケンカしてたんじゃないですか?」と聞く人もいるけど、ちゃんとバスケをやってましたって!(笑)

最初は車いすラグビーのルールを覚えた。

そして、グローブは手を保護するため、少しでもボールを持ちやすく、手に力を加えるためにつけるのだなど、細かいところまで覚えていく。

車いすラグビーのボールが楕円形ではなく丸いのは、選手がキャッチしやすいから。軌道がちゃんと読めるように、と。

ボールの素材は、表面ザラザラ。そっちの方が捕りやすいから。

一番気に入ったのは、車いす同士がぶつかるフルコンタクトスポーツである点。車いすのブレーキングの操作がいらない。ボールがバスケほど重くない。車いすラグビーは、車いすバスケで葛藤を抱えていた僕を新たなステージに導いてくれた。

初めて車いすラグビーの練習風景を見た時、「すげぇな、こんなに車いす同士でぶつかっていいんだ」と驚いた。

ガシャーンというその衝撃音は、今も僕の心の中で消えることがない。

体験会や特別授業で、いつも子どもたちがびっくりするのもよくわかる。

30歳での競技転向は不安もあったし、遅いかなとも思ったが、逆にいえば、30歳でも何かパラスポーツに取り組んでいれば間に合うとも言える。

そこから2年で日本代表になってすごいですねと言われるけど、手ごたえはあまりなく、覚えなければいけないルールが多くて意外と難しかったというのが始めて何年かの競技の印象だと思う。

でも、車いすバスケと比べてボールも軽いし、握力がない選手でもプレーすることができるのが嬉《うれ》しかった。

事前の練習は必要だけど、松ヤニを手袋につけることで握力が補え、それで競技が成立する。

これって、若い頃より目が悪くなったけど、メガネをかけて日常生活を楽しんでいる人と似てないかなぁ？

パラスポーツって、何かを自分で補えば、できる可能性が広がるから素晴らしいと思う。

いや、パラも健常も関係なく、スポーツそのものが精神的なところを含め何かを補えばできるようになっているのではないか。

その何かとは、補助器具であり、声であり、チームメイトではないか。

車いすラグビーも、すぐにうまくなったわけじゃないけど、プレーを重ねていくうちに慣れ、もっと高いレベルに挑戦ができるようになるかもしれないと少しずつ自信がついたし、しばらくしたら世界を目指そうと思えるようになった。

車いすラグビーに出会って、自分の世界が広がった。

車いすバスケをしている時は、自分の手の機能に限界があった。

だから、車いすラグビーに賭けてみようと転向したのだ。

車いすラグビーは、障害の程度によって各選手に持ち点が設定され、自分に点数がついて(3・0点＝車いすラグビーの選手の中では比較的障害が軽いとみなされている)、そこからアスリートとして新たな人生が始まった。

少しずつ競技に慣れてくると、誘ってくれた人のチームを日本一にしたい、日本代表としてパラリンピックに出たい、パラリンピックで金メダルが獲りたいといった目標が生まれた。

自覚、意識、志が芽生えた。

そこを意識させてくれたのは、2010年、日本代表になった頃。国際大会に行って、海外の人と試合をした時、「このままでは成長できないな。もっと頑張らないといけないな」という気持ちが自分を変えた。「車いすラグビーの知識を増やし、自分のフィジカル・メンタル、心技体全てを鍛えないといけない」と思った。

当時、自分の可能性にかけてくれた人がいる。

現在、北海道唯一の車いすラグビーのクラブチーム「シルバーバックス」の本間篤史さんだ。本間さんは遠征や合宿が増えた私に費用面でサポートしてくれた。あの時のサポートがあったから今がある。

そして日本ウィルチェアーラグビー連盟(現日本車いすラグビー連盟)の会長だった塩沢康雄さん、奥様のまゆみさんにも、大変お世話になった。2人はアスリートファーストで、いつも選手思い。自分がここまで来る道で出会った大きな存在です。

車いすラグビーのルール

ここで、車いすラグビーのルールや選手の特徴を簡単に紹介したい。

実は男女混合競技だ。

1チーム12人まで、コートの上では4対4で戦う。

それぞれの選手には、0・5点から0・5点刻みで3・5点まで、7段階の持ち点が設定されており、数字が小さいほど障害の度合いが重く、数字が大きいほど障害の度合いが軽い。

比較的障害の軽い自分のような選手を数字の大きさからハイポインター(3・0点と3・5点)、障害の重い選手(0・5点〜1・5点)をローポインター、その中間の選手(2・0点と2・5点)をミドルポインターと呼ぶ。

頸髄《けいずい》損傷、先天性の四肢(両手両足)欠損、僕のような難病などにより、四肢に障害がある選手が競技の対象となる。

僕の持ち点は3・0点で、試合では攻撃の中心を担う。

だが、ローポインター(0・5点〜1・5点)の選手のしぶとい守備が試合を有利にさせる。

例えば、0・5点の選手になると、腹筋や背筋が使えず体幹がなく、車いすの操作もゆっくりだ。

しかし、こうしたローポインターは、スピーディーな試合展開の中で、常に相手の選手の行動の先を読み、タイヤの先に突き出たバンパーが特徴の守備用の車いす(通称・ラグ車)で相手チームの進行を妨害する。

これを試合中に何回できるかが勝利の分かれ目で、ローポインターこそがチームの勝利を支えていると言える。

車いすラグビーのルールで重要なのは、コート上の4人の合計点を8・0点以内に抑えないといけないこと。

ただし、女子選手が1人入ると、0・5点プラスされる。

男子3人、女子1人のチーム編成なら、8・5点まで認められるというわけだ。

全然見たことはないけど、仮に女子4人の編成なら10・0点までOKとなる。

試合時間は、1ピリオド8分で、4ピリオドの合計得点で争う。

第4ピリオドで決着がつかない場合は延長戦となる。

コートはバスケットボールと同じ広さ。

ボールはバレーボールの5号球を基に開発されている。

野球選手がバットを握る際につけるようなグローブをはめ、そこに松ヤニをつけて滑らないようにする。

そして何より車いすラグビーのルールの中で、厄介な部分となるのが、自分たちのチームの攻撃になった時、12秒以内にセンターラインを越え、相手陣内に入り、40秒以内にトライをしなければならないことだ。

できない場合は反則となるし、反則になる前にタイムアウトをかけて(選手は1試合4回まで。チームは2回まで)時間を稼ぐこともある。

いいチームは、なかなか相手選手にセンターラインを越えさせないし、40秒以内にトライを決めさせてくれない。

1点を取るのに苦労するのは、ディフェンスのいいチームだ。

しかも、センターラインを越えても、サッカーのようにバックパスは認められない。

これにより、常にスピーディーな試合展開となり、サッカーのように試合中にゆっくりとパス回ししているシーンはほとんどない。

また、両チームにミスがなければ、試合は交互に得点を重ねていくが、一つのミスをきっかけに攻撃権が入れ替わるターンオーバーで点差が広がっていく。

ミスはパスミス、キャッチミスもあれば、相手からボールを奪おうという時に間違って相手の腕などに触れてしまったり、相手の車いすを手で押さえつけてもファウルとなり、相手側に攻撃権が移る。

自分たちにターンオーバーが多ければ多いほど勝利に近づく。

だから車いすラグビーは、攻撃的なスポーツである分、ミスが少なく、守備がしっかりしているチームの方が強く、勝つ確率も高くなる。

そして車いすラグビーの見せ場の一つはタックルだ。

相手にタックルしてもいい点が、車いすバスケとは大きく異なる。

ハイポインターは相手にタックルをするケースが多いため、その車いすは装甲車のような外観であり、スピーディーな攻撃をするため車輪もハの字になっている。


基本的には相手の後方の車輪以外にタックルするのは認められているが、例えば相手がトライをするのが確実な体勢に入っているのに、無理にこちらからタックルをした場合は反則となる。

その場合、反則をした選手は、相手が1点を取るまで、あるいは1分間、コートの外に出ることになる。

このあたりは、紳士のスポーツであるラグビーそのものだと思う。

競技用車いすを選手は「ラグ車」と呼ぶ。特にこうしたハイポインター用のラグ車は相手のラグ車とぶつかり合うので、バンパーがボコボコに傷つくけど、これも戦いの勲章の一つ。前後に二つずつキャスターがついていて、これで進む方向を変える。米国「ベセコ社」製

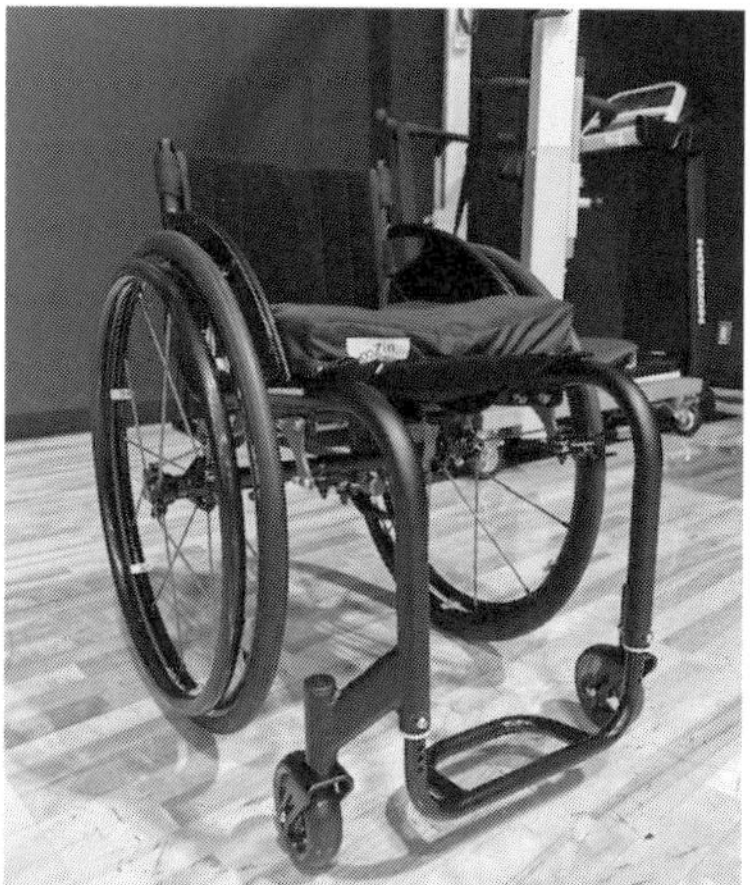

一方、こちらはスポンサーでもある橋本エンジニアリングから提供されている普段の僕の車いす。シックでカッコいいでしょ？

ところで、選手の握力は、僕のようにゼロ、あるいはほぼゼロが多い。

それなのに、どうやって試合の時に車いすを動かしているのか。

実は上腕二頭筋で、押すように車いすの後輪を回して動かしているのだ。

すごいでしょ？

選手によってはその握力でも上腕二頭筋の力を使ってボールを投げたり、抱きかかえるようにボールをキャッチしたり、キープしたりしている。

そうした腕の使い方にも注目してくれると嬉《うれ》しい。

ちなみに車いすバスケは、コート上の選手は5対5で、持ち点は1・0点から0・5点刻みで4・5点まで。

5人の合計は14・0点以内で、選手の対象は下半身に障害があること。

その中で指が数本欠損しているといった選手もいるが、残った指の握力がある分、車いすラグビーの選手よりは、はるかにボールコントロールができるし、車いす自体の操作も速く細かくできる。

まるで踊っているように車いすを操作する選手もいる。

握力のない僕には、こうした点で不利だったが、車いすバスケに出会ったからこそ、車いすラグビーへの道が開けたのだから、すごく感謝している。

上腕の太さに比べて、ひじから先が細い！　だから自分で手羽先って呼んでいる！　足も細いでしょう？

知って、観て、楽しい！ 車いすラグビーはこんなスポーツです！

僕の人生を変えてくれた車いすラグビー。たくさんの人に知ってもらい、たくさんの人に試合会場に来てほしいので、ここで競技について説明します！　競技用車いす（ラグ車）がぶつかり合う迫力満点、見所満載の競技でありながら、何と「男女混合」で行われるんだ。一度観たら、きっと楽しいと思ってもらえると思う。ルールを知ったら、さらに楽しくなるはず！　この本を持って会場に来て、熱い声援を送ってもらえたら嬉《うれ》しい。

協力　一般社団法人　日本車いすラグビー連盟
イラスト©STUDIO FNC/JWRF

◆パラリンピック正式競技になるまで

年	
1979	米・ミネソタ州のサウスウエスト州立大で、初めてカナダ国外で披露
81	米国でチーム結成
82	初の国際大会開催（米国、カナダ）
89	カナダ・トロント開催の国際大会に英国が参加（北米以外初）
90	世界車いす競技大会エキシビジョン種目
93	国際ストーク・マンデビル車いすスポーツ連盟スポーツ部門として国際車いすラグビー（IWRF）設立。国際ストーク・マンデビル競技大会に７か国参加
94	国際パラリンピック委員会（IPC）にパラリンピック競技として認定
95	スイス・ノットウィルで第１回車いすラグビー世界選手権開催（８チーム）
96	アトランタパラリンピック　デモンストレーション競技として採用
98	カナダ・トロントで第２回IWRF車いすラグビー世界選手権開催（12か国）
2000	シドニーパラリンピック　正式競技として採用

◆車いすラグビーの歴史

あまりの激しさに「殺人球技」の異名も

▼歴史

車いすラグビーは、車いすバスケットボールに代わる競技を探していた四肢麻痺者（頸髄《けいずい》損傷、四肢の切断、脳性まひなどで四肢に障害のある者）の選手たちによって1977年にカナダで考案された。ラグビー、バスケットボール、バレーボール、アイスホッケーなどの要素が組み合わされたオリジナルの競技で、バスケットと同じ広さの室内コート、バレーボールの5号球を基に開発された公式専用球を使用する。車いす同士のコンタクト（タックル）が認められているため、競技用の車いすはハードなプレーに耐え得る専用のもの（ラグ車）になっている。

欧米では広く普及している国際的なスポーツで、米国や欧州の一部の国では、四肢に障害のある者が行う競技であることから「クアドラグビー」とも呼ばれる。また、当初はその競技の激しさから「マーダーボール（殺人球技）」の異名も。

現在、正式加盟国、国内でプログラムを開発している国は40か国以上ある。

▼日本の車いすラグビーの歴史

アトランタパラリンピック後の96年11月に正式に国内に競技が紹介され、97年4月に日本ウィルチェアーラグビー連盟（当時）が設立。日本代表チームは2004年のアテネパラリンピックに初出場し、以降すべてのパラリンピック大会に出場。リオと東京では銅メダルを獲得している。

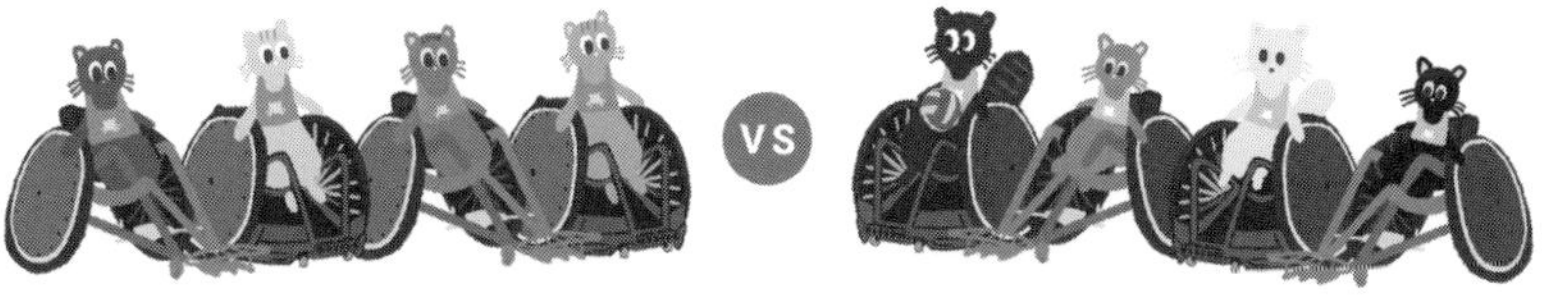

競技は４対４で行われる。男女混合チームもＯＫ

◆車いすラグビーのルール

男女混合OKです

▼試合の人数

4対4で行われ、選手交代に制限はない。男女混合も可。選手にはそれぞれ障害の程度によって点数がつけられており、4人の持ち点の合計がルールで決められた点数以下になるようにチームを編成しなければならない。

▼競技時間

1ピリオド8分間で4ピ

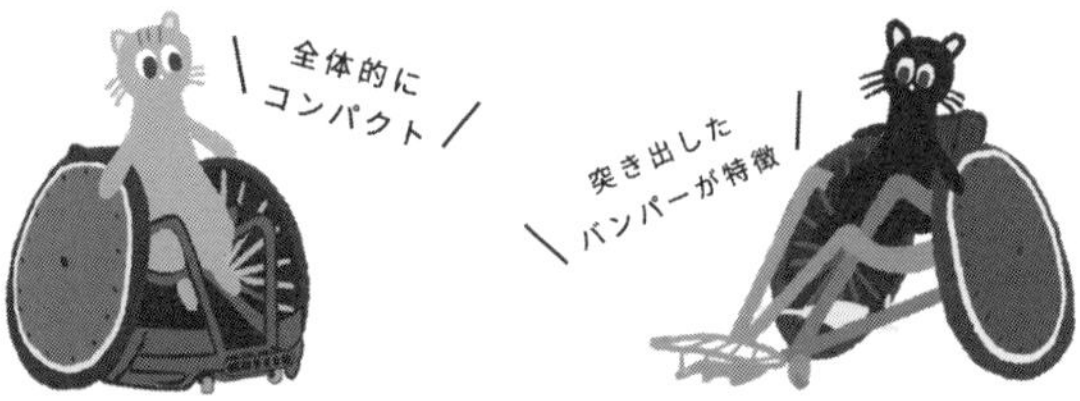

攻撃用のラグ車　守備用のラグ車

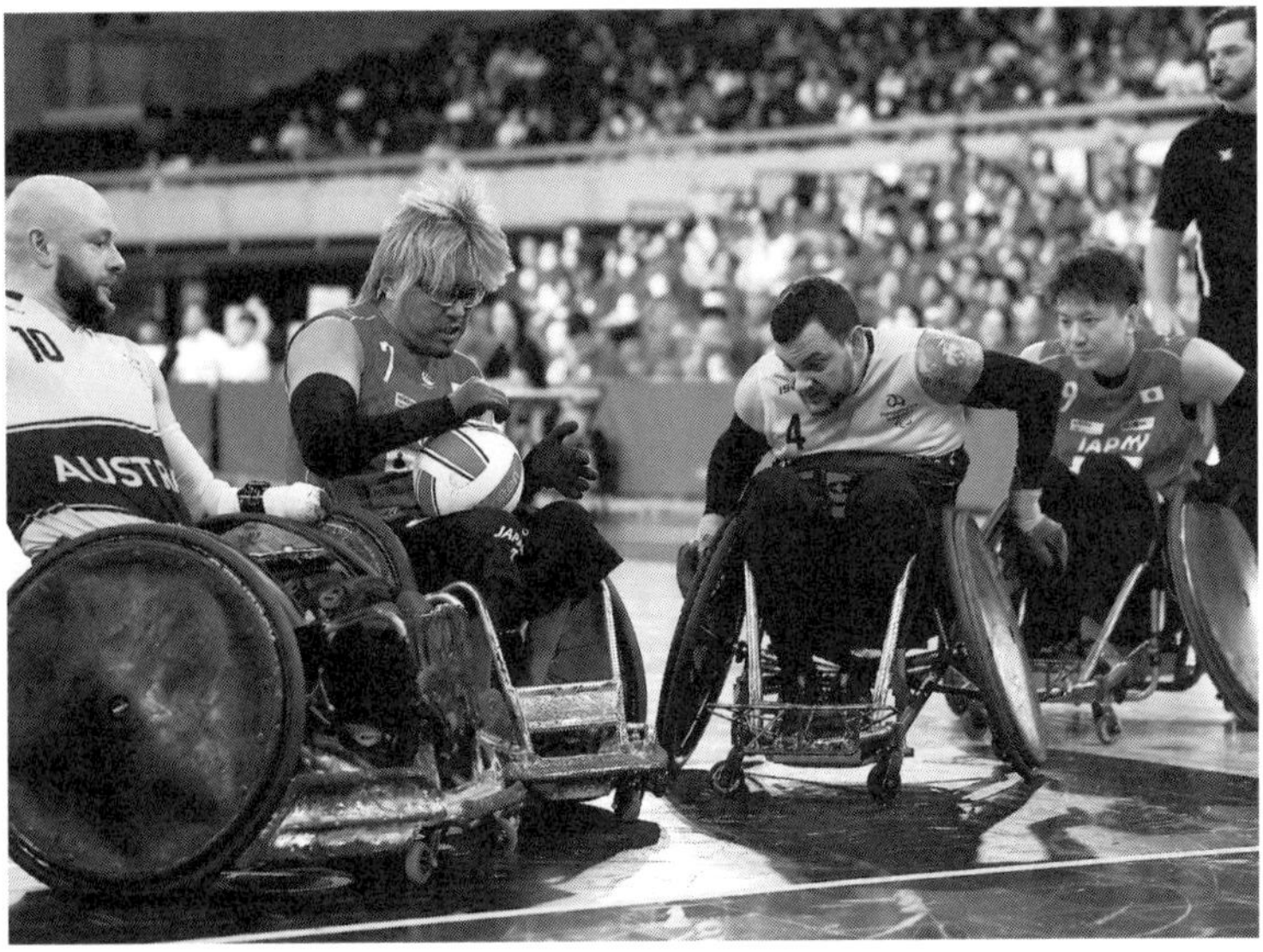

リオド行う。第4ピリオド終了後に勝敗が決まらなかった場合は、3分間のインターバルの後、3分間の延長ピリオドを行う。勝敗が決まるまで、2分間のインターバルと3分間の延長ピリオドを繰り返す。

▼コート

サイズはバスケットコートと同じ大きさ（28メートル×15メートル）。

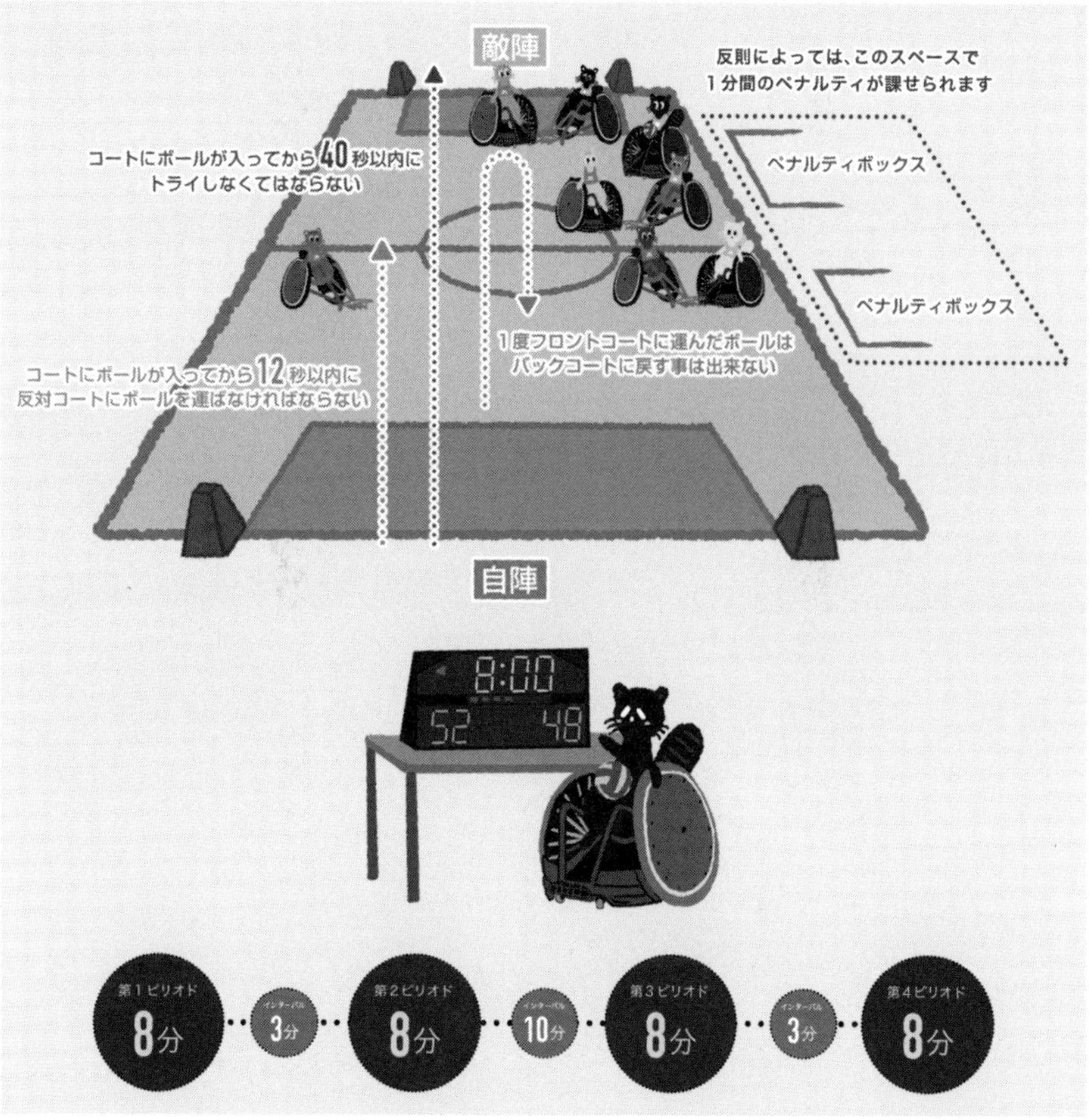

敵陣
反則によっては、このスペースで
1分間のペナルティが課せられます
ペナルティボックス
ペナルティボックス
コートにボールが入ってから40秒以内に
トライしなくてはならない
1度フロントコートに運んだボールは
バックコートに戻す事は出来ない
コートにボールが入ってから12秒以内に
反対コートにボールを運ばなければならない
自陣
8:00
52
48
第1ピリオド
8分
インターバル
3分
第2ピリオド
8分
インターバル
10分
第3ピリオド
8分
インターバル
3分
第4ピリオド
8分

▼クラス分け

車いすラグビーの選手には、障害の程度によりそれぞれ点数がつけられる。1チーム4人の持ち点の合計が8・0点以下でチームを構成。女性選手が加わる場合は、持ち点の合計に0・5点追加することが許される。点数は最も軽い選手が3・5点、重い選手が0・5点で、0・5点刻みで7段階。クラス分けは筋力テスト、体幹機能テスト、動作の機能テスト、競技観察を実施した上で決定される。

▼得点

ボール保持者が乗っている車いすの前後輪四輪のうち二輪が、相手側のトライライン上に達するか、通過している時点で得点になる。

前方にもパスできる

▼ボール運び

ボールを所持している選手はひざの上にボールを乗せて車いすを何回でも漕《こ》ぐことができるが、10秒以内にドリブルまたはパスをしなくてはならない。一般のラグビーと違い、前方への

例

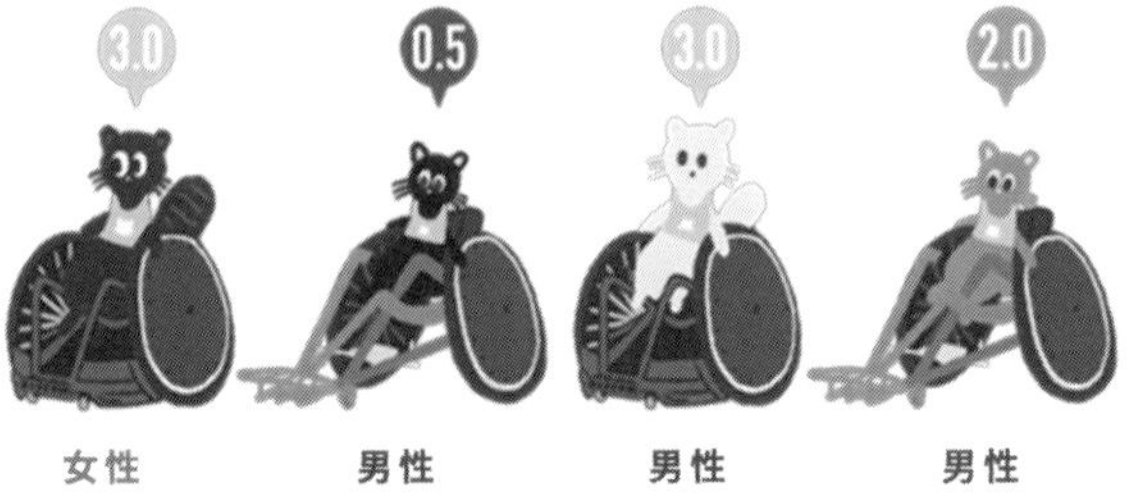

このチームは

合計 8.5 点

女性選手が1名いるので持ち点（8点）に0.5点が追加され8.5点で出場が可能になる。

パスも認められる。ボールの表面の皮革は、滑りにくい素材でできている。

迫力満点のタックル

▼車いすラグビーのタックル

車いすラグビーでは、車いす同士のタックルが認められている。ただし、タイヤの中心より後ろへのタックルはルールで禁止。競技中に手で他の選手の車いすや体に触れると反則になる。

ボールを乗せて何回こいでもOK！
10秒以内にドリブル（またはパス）！
dribble
前方へのパスもOK！
pass

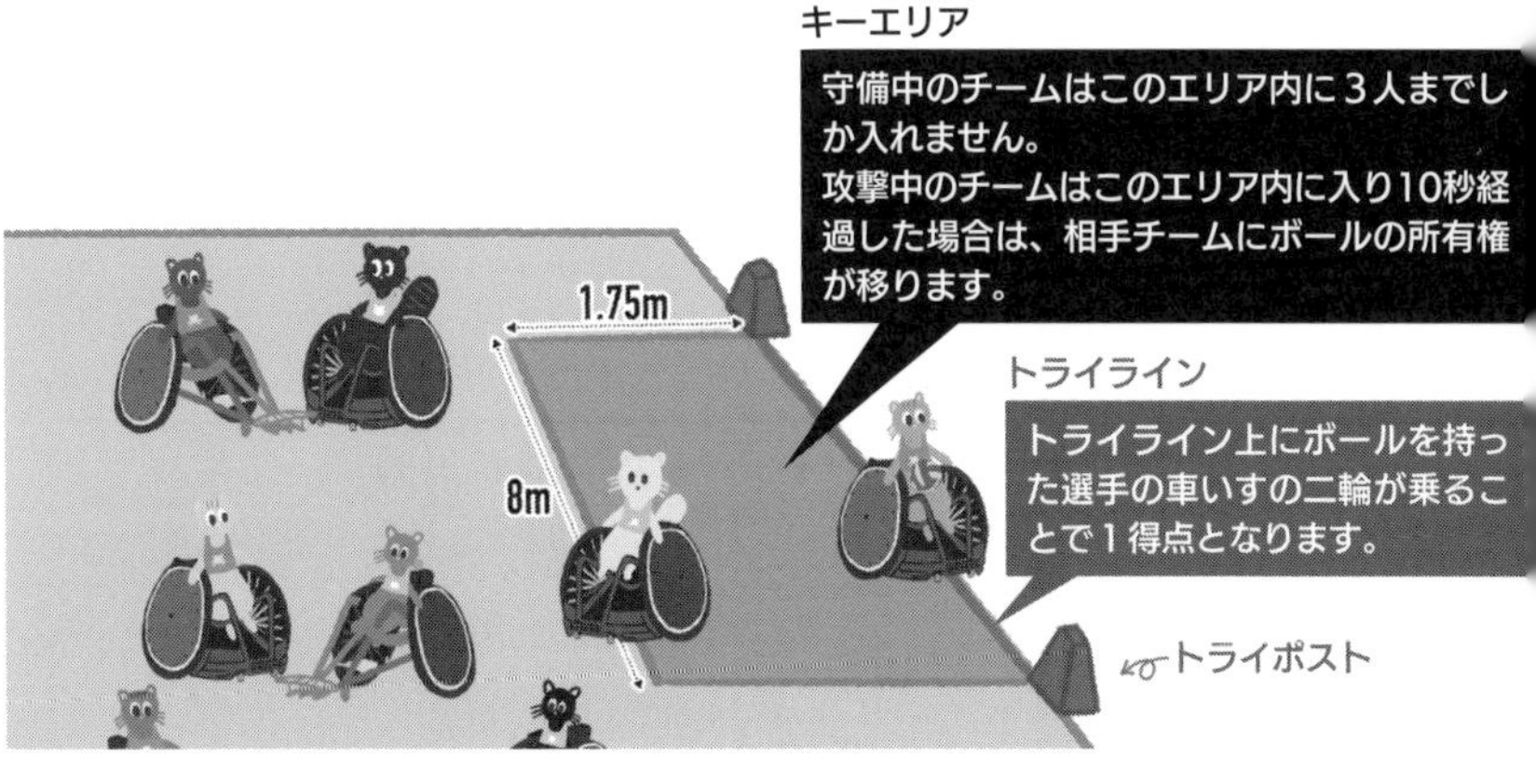
キーエリア
守備中のチームはこのエリア内に3人までしか入れません。
攻撃中のチームはこのエリア内に入り10秒経過した場合は、相手チームにボールの所有権が移ります。
1.75m
8m
トライライン
トライライン上にボールを持った選手の車いすの二輪が乗ることで1得点となります。
トライポスト

◆車いすラグビーの選手になるには

選手への3ステップ

▼条件

①上肢(手指、腕)と下肢(腿より下)に障害があること。

②自力で車いすを漕《こ》げること。

▼選手登録

①連盟登録チームに選手登録(各チーム＝43ページ参照＝に直接連絡をして練習見学を行う)をするか、個人登録(日本車いすラグビー連盟の問い合わせフォームを使って連絡)をする。

②クラス分けの申し込みを行う。

③クラス分けを受ける(実際の試合での動きが加味されるため、練習試合や大会開催時などで実施)。

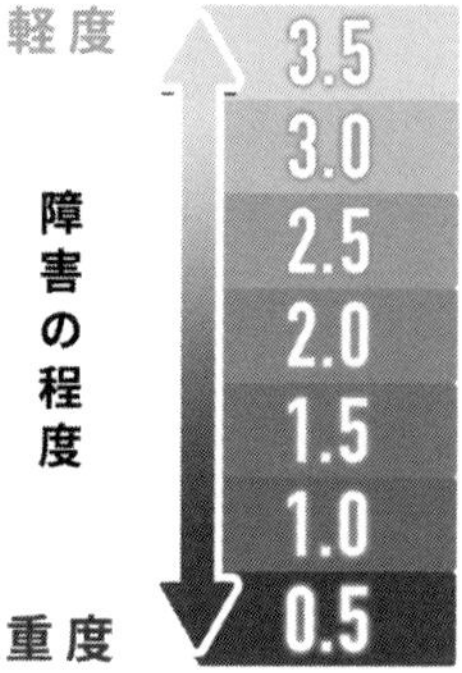

◆対象障害

1	筋力低下 頚髄損傷やシャルコー・マリー・トゥース病、脊髄性筋萎縮症など
2	四肢欠損、切断 先天性四肢欠損、外傷など
3	筋緊張亢進 脳性麻痺、頭部外傷、脳卒中など
4	他動関節可動域制限 先天性関節拘縮症、慢性関節拘縮など ※ただし、筋力低下など他の障害も合併している必要あり

※さらに以下の基準(MIC：最小障害基準)にあてはまると出場資格が得られる可能性あり

- 両手の握り動作に制限がある
- 片手の握り動作に制限がある＋体幹機能に制限がある

◆車いすラグビークラブチーム

▼10チーム

24年度の連盟登録数。北海道から沖縄まで、約100人がプレー中。

▼活動

レクリエーションとして競技を楽しむ選手も、日本代表として活躍するために日々のトレーニングを積み重ねる選手も一緒に活動。競技だけでなく、地域の学校訪問やイベントでの体験活動などの普及活動にも取り組んでいる。

▼ボランティア

競技を支えるボランティアも募集している。主な業務としては

・スポーツコートの設営、撤去、床掃除
・メディカルブース運営（医師、看護師、トレーナー）
・受付、観客整理、体験会補助、会場消毒
・お弁当やドリンクの配布、ごみ回収
・海外チームのアテンド（外国語対応可能な方のみ）
・モッパー、ボーラーなど

連絡は日本車いすラグビー連盟HP　ボランティアの問い合わせフォームから。

興味を持ったら連絡を！

▼登録チーム

・SILVERBACKS（北海道）
・TOHOKU STORMERS（福島）
・AXE（埼玉）
・BLITZ（東京）
・RIZE CHIBA（千葉）
・GLANZ（埼玉）
・WAVES（大阪）
・Freedom（高知）
・Fukuoka DANDELION（福岡）
・Okinawa Hurricanes（沖縄）

【注】各チームの連絡先は日本車いすラグビー連盟HPで確認

車いすラグビーを始めた頃の僕。笑うところじゃないですよ!!（笑）　今とは別人!!

こちらが今の僕。たくましくなっているでしょ？

第2章　もっと車いすラグビー！

車いすラグビーの魅力

何より相手にタックルできることが自分に合っている。

国際試合になると相手も強いからこちらが倒されることもあるが、何度倒されても、「くそ～」と思いながら、床から起き上がり、相手に向かっていく車いすラグビーが大好きだ。

競技自体に困難を乗り越えていく力がある。

倒れてもまた起き上がって立ち向かうことを、車いすラグビーから学んだ。

そうした思いもあって、この本の表紙の写真を体育館で仰向けになっている姿に決めた。

あの写真から「負けねーぞ！」という私の叫びが聞こえるでしょ？(笑)

え？　冷たい床に寝っ転がって、逆に気持ち良さそう？　おかしいなぁ(笑)。

実は、試合中、相手のタックルに倒され、床に寝転び、スタッフが起こしてくれるのを待っている時は「あぁ、やっと横になれたぁ」と思ったりする。「これで少し休めたぁ」と。

それも束の間、スタッフが素早く起こしてくれる。「早い！　もう起こすの？」と言いたくなるけど(笑)、起き上がったら再び戦闘態勢に入る。

ノーサイド精神も素晴らしい。試合が終わったら、お互いお疲れ様と言い合える。

例えば試合中タックルで倒された相手に、普通に考えれば、試合後といえども握手なんかしたくないけど、そこはやっぱりラグビーの選手だから、きちんと握手できる。

それは車いすラグビーが男のケンカに近いからかもしれない。

男は殴り合えば仲良くなったりするから(池崎調べ)。

日本代表に選ばれるようになってから、僕はパラリンピックに3回出場している。

最初はロンドン大会で4位。

その後はリオデジャネイロ大会で3位。

そして東京大会でも3位。

試合前に君が代が流れるけど、金メダルを獲って、君が代を聴きながら泣きたい。そして叫びたい。

「勝ったぞ！」と。

国際試合に帯同するスタッフについて

国際試合となると、ベンチ入りの12人の選手に加えてヘッドコーチ、アシスタントコーチ、マネジャー、通訳、アナリスト、トレーナー、看護師、メカニックと、多くのスタッフが帯同する。

それぞれ紹介すると、

【ヘッドコーチ】は、チームスポーツの監督そのもの。チーム強化の戦略を考え、試合に勝つ戦術を練り、勝利に導く。

【アシスタントコーチ】は、その名の通り、ヘッドコーチをサポートする。

【マネジャー】は、日々のスケジュール管理が主な仕事で、何時にミーティングを始める、何分にアップに入るなど、選手がスムーズに動けるように常に時計とにらめっこしている。

【通訳】は、そのまんま(笑)。

【アナリスト】は、試合の映像を録画し、何分に誰が得点し、誰がミスをした、相手の誰が得点した、相手チームのミスの数はいくつだったなどをデータ化する。

例えばこちらのキーアタックは何%で、相手はキーディフェンスが苦手だから、もっとキーアタックしようという作戦を考えてくれる。(車いすラグビーのトライポストの前には、キーエリアという縦1・75メートル×横8メートルの床の色が違うエリアがあり、ここを守るために守備の選手は3人まで入れる。一方、攻撃側はキーエリアに10秒まで入ることができるが、10秒を超えると反則になり相手ボールとなる。このエリアの攻防を一つでも多く制したチームが勝利へ近づく)。

アナリストがいるからこそ、自分たちのいいところ、改善しなければいけないところがすごく明確に見えてくる。

自分もアナリストの話をきちんと真面目に聞いている。

アナリスト以外の人の話も聞いていますよ(笑)。

映像分析ツールで映像やデータを確認できるのも大きい。

これは声を大にして言いたいが、日本代表のアナリストである中谷英樹さんは、世界トップクラスだと思っている。

ケビン(前日本代表ヘッドコーチ。後で紹介します)もそう言っていたし、ケビンの意志を継いでいるのも中谷さんだ。

さらに、試合前のミーティングも仕切ってやってくれている。

相手のライン(コートに出る4人の組み合わせ)はこうだ、この選手が要注意だ、あの選手は左利きだ、何番の選手は右にターンするのが苦手だなど、相手チームの一人一人の選手の特徴を試合前に全部教えてくれる。

国際大会ならば、日本の試合以外も全部見て、あらゆるデータをとって情報をくれる。だから、期間中は毎晩、徹夜作業だという。食事の時間も短く、シャワーも3分で済ませると言っていた。

こうしたスタッフのおかげで、代表選手たちは試合に専念することができるのだ。

感謝の気持ちを込めて、時々、お菓子やコーラを差し入れしている。

【トレーナー】は、体調管理、ケア、ケガした時の処置をする。

【看護師】は、選手の脳震とうや骨折などに対応し専門職としてアドバイスする。

【メカニック】は、試合中のタイヤのパンク修理、12人の代表選手の車いすの調整がメイン。

日本代表のメカニック川﨑芳英さんは、代表12人の車いす(ラグ車)の特徴に関して全部頭に入っているし、タイヤなら、あの選手ならこの大きさで、どのメーカーか、空気圧がどれくらいかということも全部把握している。

12人全員のラグ車が違うのに、本当にすごいし頼りにしている。

照れくさいから、あまり言えないけど(笑)。

例えるなら、川﨑さんは車いすのドクターだ。

遠征中に自分の車いすの調子が悪くなることは当然ある。

だから、飛行機を降りたら、まず僕は車いすの状態を確認する。

選手の大事な商売道具だから。

クラック(割れ目やヒビ)は入ってないか、キャスター(車いすの前輪と後輪の部分に4つある小さな車輪)の動きはどうか。

試合会場に着いたら、フロアの状態を確認する。ウッド(木)のフロアなのか、スポーツコートなのか、それによってキャスターの上げ下げを川﨑さんに頼む。

川﨑さんには、常々「音がしない車いすにしてほしい」と伝えてある。試合中、自分の車いすの音で、自分が近づいていることを相手に気づかれたくないから。

そして、静かに蛇のように相手に襲いかかりたいため。

タイヤの空気圧のバランスも川﨑さんに見てもらう。試合をする度《たび》に車いすに衝撃があるため、ガタがくる。ネジが取れたり、キャスターが折れたり……。

そういう時は1分もかからずに川﨑さんが対処してくれる。

川﨑さんについては、もっと知ってほしいので、後で紹介させて！

選手はもちろん、スタッフも総力を結集し、全員の力で日本代表は勝利を目指す。

車いすラグビーの歴史

車いすラグビーの歴史に触れたい。

車いすバスケに代わる競技を探していた四肢(両手両足)に障害を持つ人たちによって、1977年、カナダで考案された。

車いす同士がぶつかり、その激しさから当時はマーダーボール(殺人球技)という物騒な名前だったと聞く。

1977年に考案されて、その翌年に僕が生まれたのは何か縁があるのかなと感じてしまう。

日本に紹介されたのは1996年で、その翌年には日本ウィルチェアーラグビー連盟が設立されている。

日本代表は、2004年のアテネ大会で初めてパラリンピックに出場した。

今度のパリ大会で、6度目のパラリンピックとなる。

海外でプレーした経験

さらなるレベルアップを求めて、リオ大会の後の2018年、19年と2年連続で車いすラグビーのアメリカリーグに参戦し、全米選手権では、アリゾナのワイルドキャッツのメンバーとして2年連続MVPを受賞した。

アメリカでの経験はデカかった。

ハイポインター、ミドルポインター、ローポインターの中で自分がどうやってチームに合わせてやれるか、どうやってみんなが合わせてくれるか、どんな戦術があるかなどを知ることができた。

車いすラグビーの考えや伝え方において、自分のバリエーションが増えた。

その分、自分も海外から研究されているとは思うけど。

これまでにアメリカ、オーストラリア、カナダの順で、各国のリーグで戦った。

アメリカでは2回優勝、カナダでも1回優勝している。オーストラリアでは、3位だった。

アメリカとオーストラリアではホームステイしていた。

オーストラリアの時はオーストラリア在住の日本人がお世話してくれた。

アメリカでは、シアトルやアリゾナのチームにいて、それぞれ選手の家にホームステイさせてもらっていた。

特にシアトルでは、ご主人がアメリカ海軍の元軍人で、奥さんが日本人だった。ご主人は事故で障害を負い、車いすラグビーを始めたという。

試合会場の送り迎えもしてくれるって言うから、すぐにそこに決めた。

アメリカは良かった。日本食もあるし、奥さんが通訳してくれて言葉の壁もなかったし。

カナダは最初からホテルだった。

カナダは国際大会のカナダカップで過去に遠征しており、リッチモンドなどで土地勘もあるから、ホテル暮らしで大丈夫だと思った。

カナダでは現地にいる日本人が応援しに来てくれる機会が多く、差し入れもしてくれていたし、それを通じて知り合いになった。

多分、皆さん、商社などの会社員で海外支店とかに勤めていたのかなぁ……ちょっと忘れちゃいましたけど。お世話になったのにすみません！

「困った時は連絡してください」と言われていた。

だから安心だった。


アメリカやカナダは快適だったけど、オーストラリアの家庭は……。

うーん……あまり快適ではなかったね。

旦那さんがオーストラリア人で、奥さんがタイ人。

タイといえば、パクチー！

いつもごはんにパクチーが入っていて……パクチー、苦手！

いつも我慢して食べていた。

「パクチー、嫌いなんだよね」って、ホームステイさせてもらっているのに申し訳なくて言えなかったなぁ。

まぁ、今となってはいい思い出。

そういえば、オーストラリアリーグでプレーしていた時、映画監督の崔洋一さんがドキュメンタリー映像を録りに来てくれた。

寝起き、シャワーシーン、ロードワーク、練習風景……。たっぷりと密着して録ってくれた。

オーストラリアはホームステイ先で言葉も通じないし、大変だった。

毎月、試合のある週の1週間くらい前にオーストラリアに入国し、週末に試合なら前の週の日曜に入って、月曜から木曜までは練習で、金曜から日曜にかけて試合するというスケジュールだったと思う。

オーストラリア、カナダ、アメリカと、1年で3つのリーグに参戦した年もあった。

どうしてあえて辛い環境に身を置くのか。

強豪国でプレーし、そのやり方、フィジカルを学びに行きたいという気持ちがあったから。

そういう道を作ってくれたのも慎さん(島川慎一選手、後述します)のおかげ。

各リーグで実績を作っていたから。

ちなみに、初めて全米選手権に出場する前、アリゾナにあるセドナというパワースポットを訪れた。

10時間とか15時間かなぁ、ジープに乗って。

「全米選手権で戦うなら、セドナでパワーをもらいたい」

その思いが通じたのか、全米選手権を優勝しMVPまでいただいた!

巻頭の【池崎写真館】を見てくれたかな?

海外リーグでの暮らしぶり

例えばオーストラリアリーグなら、半年間くらいの間に断続的に試合が行われ、試合は金曜、土曜、日曜に集中する。試合後はチームメイトと一緒にオージービーフや日本食を食べに行ったが、それ以外の印象はあまりない。

オーストラリア各地の日本人会にもサポートしてもらった。

長年、私と代表チーム同士で戦いが続く、看板選手のライリー・バット(※2)とはオーストラリアリーグでも対戦した。

彼の見た目はイカツイが、自らをテディ・ベアだと言っていた(笑)。

あのプロレスラーのような男と同じチームになったことは一度もなく、絶対に負けたくないと思ってこれまでやってきた。

ライリーは今なお世界ナンバーワンの選手と紹介されており、自分は正直いい気がしない。パワーもスピードも世界有数で、時にターンオーバー(攻撃権が入れ替わること）を狙ってヘビが野鳥の卵を盗み取るように気配を消して忍び寄ってくるような動きも得意だ。

でも、彼の弱点の一つは、感情が表に出やすいこと。

パリ大会では、絶対に負けない。

※2　ライリー・バット選手＝1989年生まれ。13歳でオーストラリア代表に。パラリンピックはロンドン大会、リオデジャネイロ大会を連覇。長きにわたって代表に君臨するボス的存在。その激しいプレースタイルから「野獣」と呼ぶ人も。持ち点は3・5点で、池崎選手よりも障害が軽い。

2023年7月2日、アジア・オセアニア選手権（以下ＡＯＣ）決勝でライバル、オーストラリアのライリー・バット（左）とクリス・ボンド（右）のプレッシャーに耐える

パリパラリンピックのライバルについて

日本としては、アメリカよりオーストラリアの方が戦いやすい。アメリカ、フランスは、特に苦手というわけではないが、戦いにくい印象がある。

そんなアメリカも代表に主力選手が戻ってきた。

アメリカは40歳を過ぎると代表の座を降りる暗黙のルールがあるものの、現状のチームだと戦力ダウンは免《まぬか》れないため、僕と同じアリゾナ・ワイルドキャッツに所属していたジョシュ・ウィラーが戻ってきた。

なかなか手ごわい。

今、日本をはじめ、アメリカ、オーストラリア、イギリス、フランス、カナダの6チームは本当に強い。

それにデンマーク、ニュージーランドが続く……と思っていたら今年3月の最終予選で、ニュージーランドは出場権を逃し、ドイツがパリ行きの切符を手にした。

まとめると、日本、アメリカ、オーストラリア、イギリス、フランス、カナダ、デンマーク、ドイツがパリ大会に出場する。

東京大会の前と比べて、今、どの国も実力は拮抗している。

だから、今、危機感を強く持っている。

あと、開催国のフランスはパリ大会へ向けて強化を図っているし、警戒が必要だ。

前回の東京大会も、日本は地元だったから相当なアドバンテージがあった。

今大会のフランスも同様だろう。

結局、車いすラグビーは、コート上にオーストラリアのようにハイポインターが1～2人いる選手のチームか、あるいはアメリカのようにミドルポインターも含め3～4人動けるチームかの違いが大きい。

アメリカのように組織立てて攻めてくるチームに、日本はもっと対策が必要だが、こちらはハイポインターが4人もいる(※3)。

それが他の国にはない日本の強みだ。


その一方で、個のパフォーマンスについて海外は高い。

だから、日本はもっと個のパフォーマンスを上げないと！

というのも自分たちも年齢を重ね、この先、厳しくなってくるからだ。

僕はパリパラリンピックで46歳、その次のロサンゼルス大会で50歳になる。

慎さんはパリで49歳、ロスで53歳になる。

池はパリで44歳、ロスで48歳か。

慎さんも池も同じような思いだと想像するけど、年齢を重ねていけば、試合中の視野やプレーの幅も広がって、いい面が多いのではないか。

そう自分に言い聞かせている。

ＡＯＣ決勝戦に勝利して歓喜。パリ大会でもこんな感動を味わいたい

※3　ハイポインター4人＝池透暢、島川慎一、池崎大輔、橋本勝也の4選手。その中の橋本勝也選手は2002年生まれ、福島県三春町出身。日興アセットマネジメント株式会社所属。所属クラブチームは、福島県のTOHOKU　STORMERS（東北ストーマーズ）。先天性の四肢欠損で、中学2年から車いすラグビーを始める。成長著しく、パリ大会では主力としての活躍が期待されている。持ちは3・5点。

レジェンド　島川慎一選手について

慎さんは、日本の車いすラグビーの創成期である1990年代後半から、ずっと日本代表を牽引するレジェンドで私よりも3歳年上だ。

2019年3月、全米選手権の準決勝では、僕が所属していたアリゾナのワイルドキャッツと慎さんがいたフェニックスのヒートというチームと戦ったのもいい思い出だ。

何といっても、2004年のアテネ大会から5大会連続でパラリンピックに出場していることがすごい。

下からすくい上げるような世界一のパワフルなタックルで、今も相手をバンバン吹き飛ばしているし、スピードも衰え知らず。

試合中も猟犬のように相手を追い回し、タックルしている時が一番イキイキしている。

逆に相手からタックルをもらった時なんて、体が床につく寸前で、両手でTの字を作って審判に「タイムアウト(※4)」を求めるという高度なプレーもやってのけてしまう。

「あんな体勢で、よくできるな」といつも感心する。

もしかしたら、生涯現役かもしれない。

自分は慎さんの背中を追ってここまで来たが、敵じゃなくて本当に良かった(笑)。

そして何より、今、自分が所属するクラブチーム「BLITZ(ブリッツ)」に入団する際、声をかけてくれたのも慎さんだ。

北海道から千葉に移り、新たなクラブチーム「TOKYO　SUNS」を立ち上げたものの、チーム解散後、どこにも所属していなかった自分に、慎さんは「お前はやっぱり日本選手権とか、大会のコートにいないとダメな選手だ。お前を見たい人がたくさんいるから一緒にやろう」と田村学選手(日本車いすラグビー連盟理事でもある)とともに誘ってくれた。

心から恩を感じている。

また、同じチームだから言うわけではないが、BLITZの長谷川選手(※5)や小川選手(※6)は、日本代表でもチームメイトで、世界でもトップレベルのローポインターだ。

彼らは成長著しく、勝ちにこだわる高いプロ意識があり、自分も学ぶべき点が数多くある。

そういうチームで、自分のパフォーマンスを磨き、日々のモチベーションも高く保つことができている。

※4　タイムアウト＝12秒以内に相手陣内にボールを運べない時や40秒以内に得点できない時は、相手側に攻撃権が移るが、それを防ぐため、攻撃側の選手は1試合に4回タイムアウトをかけることができ(ベンチからは2回)、マイボールでプレーを再開できる。

※5　長谷川勇基（はせがわ・ゆうき）選手＝1992年生まれ、広島市出身。ソシエテ・ジェネラル証券株式会社所属。持ち点は0・5点で相手のハイポインターの動きを予測する能力が優れている。おしゃれで髪の毛の色を大会ごとに変える。

※6　小川仁士（おがわ・ひとし）選手＝1994年生まれ、東京都出身。バイエル薬品株式会社所属。持ち点は1・0点だが、体格が良く、得点することも多い。高校3年の時、モトクロスで頚髄《けいずい》を損傷し、入院先で車いすラグビーと出会う。長谷川選手と同様、大会ごとに髪の毛の色を変える。

池崎選手を応援する人 その1

車いすラグビー日本代表
メカニック担当　川﨑芳英さん

かわさき・よしひで

1970年生まれ。

1989年から福岡市の福祉施設に勤務。

2014年、転勤により障がい者スポーツセンターで車いすラグビーに関わる。

2016年10月、日本選手権プレーオフ大会で池崎選手と初対面。

2017年1月から代表合宿に参加。

2017年4月、アメリカ遠征帯同以降、現在まで海外9か国、国内での国際大会に帯同、毎月開催されている代表合宿に参加している。

代表チームに参加する前は、クラブチーム「福岡ダンデライオン」に所属していましたが、競技の魅力を感じ生涯スポーツとして関わりたいと思い、当時の上司に「もっと上を目指したい」と相談すると、『どこを目指すのか？』と聞かれ、私が「日本代表がパラリンピックで金メダルを獲るまで」と答えると、上司から『絶対に中途半端にしないで本気で最後までやり切れるなら応援する』と言われ、現在に至っています。

メカニックの主な仕事は、大輔さんも言っていたように、試合中のパンク修理や12人の代表の全ての車いすの調整や整備です。

大輔さんからは、「試合中、相手に自分の気配を気づかれたくないから、とにかく静かな車いすにしてほしい」と言われます。

細かいですね、うるさいんですよ(笑)。

「キャスターの音がしないようにしてください。足を乗せるステップも、たまにカタカタって音がするから、音がしないようにバッチリと仕上げてください」と。

でも、そうやって頼ってくれるのは嬉《うれ》しいですね。

逆に、あまり要望してこない選手もいます。


私はバイクいじりが趣味で、構造は車いすの方が単純だと思っています。

バイクの方が複雑で難しいし、車いすなら、どこをどうすればいいか、100%わかります。

単純だからこそしっかりと整備しないと、敏感な選手にはすぐにバレますよね。

普段から選手の調子の悪い理由が、車いすであってはならないと肝に銘じています。


選手の車いすをチェックするのは日常なので、例え選手のネジが飛んでいても（外れていても）、勝手に付け替えますし、付け替えた時に、選手に「ネジが飛んでたから付け替えておいたよ」とはわざわざ言いません。

ネジが飛ぶなんてよくあることで、言っていたらきりがないですから。

でも、付け替えたことに気づいた選手から、「川崎さん、ありがとうございます」って後で言われると、すごく快感です。

あと、合宿の時は、夜、みんながビデオミーティングしている時に、全ての車いすをチェックします。

選手の車いすを確認していると、いつもラグ車（競技用車いす）を気にしているかどうか、わかったりしますね。

自分の車いすの変化に敏感な大輔さんは、自分の商売道具という意識が他の選手よりもかなり強いです。

国際大会では、床が固いゴム、あるいはコンクリートの上に板を張った床など、車いすのタイヤの沈み具合が試合会場によって違うので、入国したら、選手よりも先に試合会場に行って、床の写真を撮っています。

床がどういう材質で、例えば柔らかくて滑りやすいよとか、今回は国内のあそこのプラスチックのコートと同じものを使っているよとか、センターサークルのところはマーキングしてあってステッカーが貼ってあるから滑るよ、注意して！

といった情報を選手に流しています。

試合中、プシューという音がしたら、味方か敵か、どちらかの選手のタイヤがパンクした時です。

常に私が見ているのはタイヤとキャスターの動き。そして試合の流れです。選手本人が気づかないで空気圧が減っている時があるから、タイヤのつぶれ具合をずっと見ています。

それ以外は、スペアのタイヤに全部空気が入っているかどうかを確認しています。

メカニックは、選手のタイヤがパンクしたら、コートに入って1分以内にタイヤを外し、ベンチまで持って帰り修理を始めます。

たまに、試合中、選手のタイヤが1本もパンクしない時がある一方で、パンクは交通事故と一緒で突然起こります。

例えば、大輔さんのタイヤが立て続けに2本パンクして、修理している矢先に、今度は誰かのタイヤがパンクしてしまう時があり、こうした時はさすがにテンパりますね。

あとは、起こったことにどのように対応するか。

2022年のデンマーク世界選手権の時なんて、橋本勝也選手の体を固定する車いすのベルトがちぎれました。

これは想定外でしたが、ベルト自体の取り付け金具は全部日本から持って行ったので対応できました。

海外で試合がある時、荷物はいっぱい持っていきますよ。

選手によっては、車いすに関する部品を私に一式預けていますね。

同じくデンマーク世界選手権の時は、池選手のバケット(車いすの座るところに敷くお尻の型取りをした座面)が割れてしまい、修理に急遽、ドリルが必要でした。

その際、ニュージーランドのメカニックのマイクさんが貸してくれて、普段から仲良くしておいて良かったなと思いました。

逆に、こちらが持っている工具を相手チームのメカニックに貸すこともあります。

こうしたことはお互い様で、お互いの仕事や大変さを知っているから。

車いすラグビーは、ラグビーと名がついているだけあって、裏方にも紳士のスポーツという意識が浸透しています。

試合後、選手はたいてい「サンキュー」とか「グッジョブ」とか、「グッドゲーム」とか言い合いますが、メカニックは大きな声で「オーイ！」とか、ワイワイ言い合いながら健闘を称え合います。

自分でいうのもアレですが、いいシーンですね。

コロナ禍前と比べて、今の日本代表はガチ強いです。

各自のパフォーマンスは日によって違いますが、チーム全体の底上げはできています。

各国のプレースタイルも昔と違って、例えばオーストラリアなら、以前はパワーでねじ伏せてきましたが、最近はキーディフェンスを作戦として取り入れるようになりましたね。

一方、日本はバランスがいいです。世界有数のハイポインターが4人もいるから、試合中、交代しながらプレーできますし、ローポインターを含め、コートに送り出す際の選手の選択肢や組み合わせにバリエーションがあるのが、他の国にないところです。

メカニックとしては、パリ大会でもいつも通りに仕事をするだけ。選手と一緒に戦います。

ラグ車の点検、整備に修理、アクシデント対応。メカニックも全力でチームの勝利に貢献しています

第3章　ふるさと函館

少年時代

僕は１９７８年1月23日、函館で生まれた。

子どもの頃から活発で、体を動かすのが好きだった。

人生が一変したのは、６歳の時。

転ぶ回数が増え、だんだん足が細くなってきて、おかしいと思った母さんが僕を病院に連れて行くと、医師から「シャルコー・マリー・トゥース病(手足の筋肉が徐々に低下する神経の難病。日本人では１万人に１人の割合で発症すると言われる)」と診断された。

何が何だかわからないまま、自分の思うままに体を動かせなくなっていくのは子ども心に辛かった。

後で知ったが、母方の祖父も同じ病気だったそうだ。

でも、みんなと一緒に遊びたいから、足の状態が悪くなっても元気にサッカーをやっていたなぁ。

手術をして、ギプスをつけている足を友達が間違って蹴って「痛ぇ」と言われる時もあった(笑)。

運動会は大嫌いだった。何をやるにもビリだし。

徒競走の時、最後にテープを手でつかんでゴールした記憶は今もある。

車いすを降りたら足はフラフラで、指先で何かに強くつかまって、ようやくゆっくり、本当にゆっくり移動できる程度。

病気は、現在、進行中かどうかはわからないし、薬も飲んでいない。

毎年検査しているわけではない。

握力は元々ゼロで、指だけが動く。

でも上半身はトレーニングで大きくなっているから、体の中でも筋肉がつくところと、つかないところがあるんだなと思う。

足首の周りとか、下半身は全然筋肉がつかない。

「障害を持ってから、大変だったでしょう？」とよく聞かれるんだけど、中学校までは普通の学校に通っていたから、自分は周りと何ら変わらないと思っていた。

自分は障害者という自覚もなかった。

人よりも走るのが遅いというくらいで、サッカー、バスケ、野球、テニス……何でもやっていた。

中学くらいまで少しは走ることができていたし……。

ただ、それも周りの友達が自分に合わせてくれていたから、自分が周りと違うと思わなかったのだと今はわかる。

池崎は障害を持っているからといって、もしひとりぼっちにさせられていたら「何で俺だけ？」と卑屈になっていたと思う。

だから、友達には恵まれていたし、今もすごく感謝している。

山登りの時、遅れる自分を待ってくれていた友達も忘れられない。

その一方で、障害の形も重さも人それぞれで、もちろん障害を持って以降、大変な思いを抱えて生きている人もたくさんいる。

僕のような考えの場合、「池崎さんは強い人だから」と言う人がいるのだが、強いというより周りの友達のおかげだということはここで強調しておきたい。

車いすラグビーのような激しいスポーツができるということも、僕の障害に対する強さを支えているのかもしれない。

今、振り返ると恥ずかしくなるけど、小学生の時、普通に好きな子もいたなぁ。当時は、やっぱりかわいい子が好みだった気がする。今もか(笑)。中学生になると、少し大人っぽいなぁと思う子がタイプだったような……背伸びした子っているよね。

この何年、ずっと好きな女性のタイプは、俳優の北川景子さん、上戸彩さん。似た子が夜のお店にいたら？　そういうこと、聞かないでよ(笑)。でも「独身だったら通うかなぁ」と答えてしまう自分のサービス精神！　現実世界だと「お尻の大きな子がタイプだ」。あぁ、言ってしまった。

中学生の時は、うちが仲間たちのたまり場で。

大人ぶった中学生で、エッチなビデオや雑誌もよく見ていた。

悪さといえば、他の中学校の窓ガラスを、石を投げて壊したり、そこの生徒の自転車に蹴りを入れて壊したり。

あの時は、どうもすみませんでした！

交友関係は、悪い奴からそうではない奴まで、幅広かった。


そもそも、うちは複雑な家庭環境で、自分が生まれた時から、両親とは離れて暮らしていて、父方の祖父母に1～2年預けられていた。

それから父さんが一緒に住みたいと言い、自分を引き取って母さんと暮らし始めたらしい。

子どもの時、アルバムを見ながら、父方の祖父母がそう教えてくれた。

母方の祖父母も、もう亡くなってしまったが、自分は両方大好きだった。

母方のじいちゃんも自分と同じ障害があり、いつも薪ストーブのそばに座り、鉄のストーブを作る仕事をしていた。

テレビの前に座ってタバコを吸っていた。

自分が病気で手術をして「痛いから歩けない」とグズっていると、「ダイスケ、5000円やるから、一歩でもいいから歩け」と喝を入れられた。

泣きながら歩いて5000円もらったけど(笑)。

優しい祖父母で、ばあちゃんが作るみそラーメンは最高だった。

そうした幸せな記憶はあるけど、父さんが亡くなる前に母さんと別居するようになり……別居の原因は自分にもわからない。


そういえば、父さんは蕎麦が大好きだったなぁ。

東京のお蕎麦屋さんで、蕎麦を2杯もたぐった時は、やっぱり遺伝だなぁと父さんをしみじみと思い出した。

スポーツマンで、歌がプロ並みに上手で、野球が好きで出勤する前に朝から野球を楽しんでいたなぁ。

スナックでバイトもしていた気がする。

普段、自分はカラオケには行かない。

ずっと前に、池(透暢《ゆきのぶ》選手)の会社の親睦会で何か歌ったけど、それくらいじゃないかなぁ。

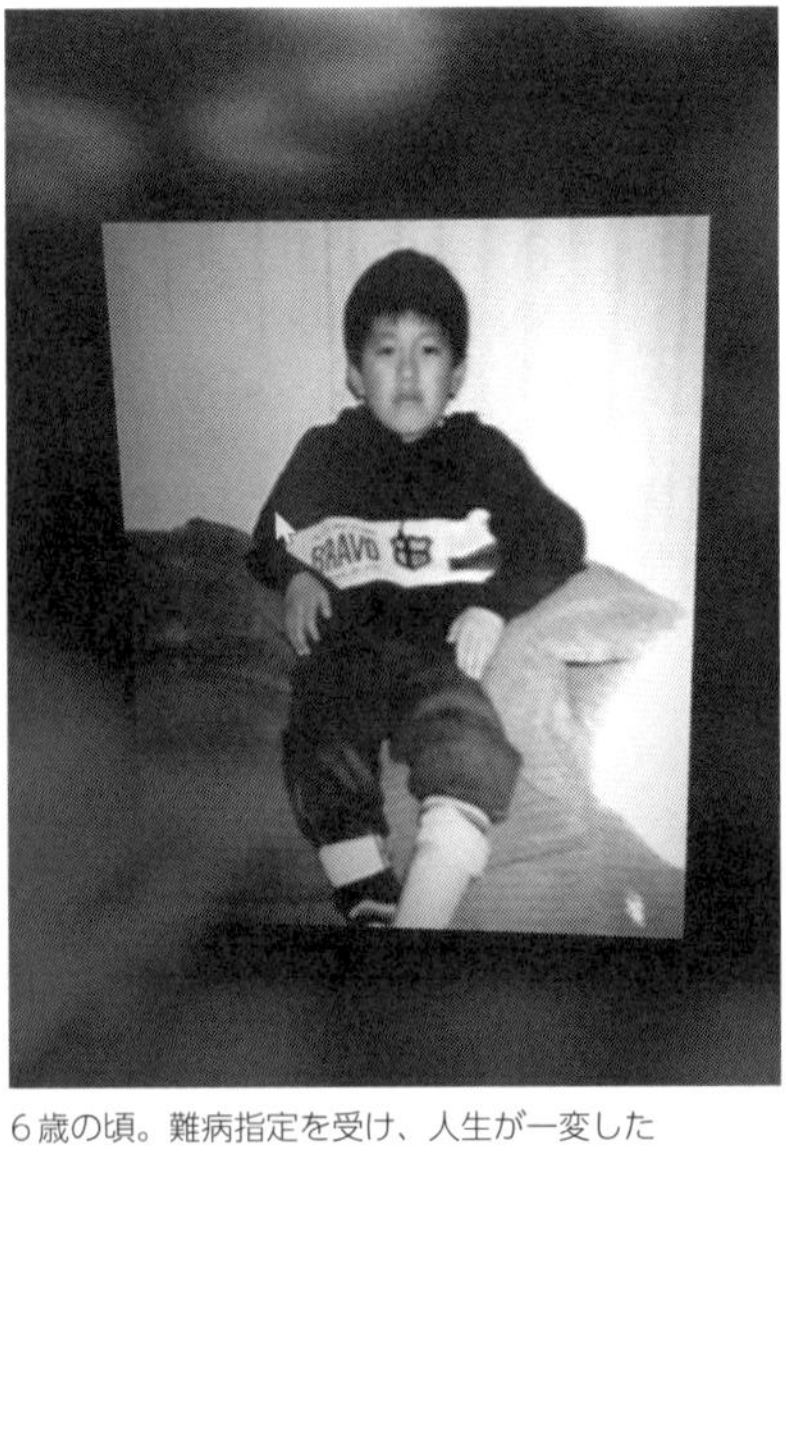
6歳の頃。難病指定を受け、人生が一変した

父親との別れ

その後、父さんは、自分が中学2年の時、急に亡くなってしまった。

いや、3年の時だったかな。いつなのか全く記憶が抜けていて思い出せない。

死んだ理由も父さんにしかわからない。

今の自分よりもずっと若く、当時37歳か38歳だった。

父さんが亡くなって、それ以降、片親になったから、母さんが季節労働に出ていた。

その間、自分と妹の2人で生活したのだが、その時期も長かった。

住む家すらなくなって、親戚の家をあちこち行ったり……。

振り返ってみると……言い方は悪いけど、3回くらい母さんに捨てられている。

その時は辛く、反抗期だったこともあり、「親なんか」と腹も立てたが、今は産んでくれてありがとうという気持ちになっている。

なぜだろう、不思議と恨《うら》んでいない。


そういえば、父さんが夢に出てきたことは一度もない。

じいちゃん、ばあちゃんはあるのに。

父さんは、亡くなった時に母さんの枕元に来て「子どもたちを頼むな」と伝えたらしい。

スポーツマンだった父さんは、今、車いすラグビーで世界と戦う息子を、天国から応援してくれているのかなぁ。そうだと嬉《うれ》しい。


一方、母さんは、運動神経ゼロ。

男性の運動神経って母親の遺伝と言う人がいるけど、母さんがスポーツをしているところなんて見たことも聞いたこともない。

そんな母さんも、ここ数年、ずっと体調が悪い。

肝性脳症を起こし、記憶障害が出て、妹が介護を手伝っている。

会えば自分のことは息子だとわかる。

でも、時々、記憶をなくしてしまう。

余命2年と言われて、それより長く生きている。

すごく強い生命力だと思う。

今では病院で「うちの息子は車いすラグビーの日本代表で、テレビにも出ているの」と自慢しているそうだ。

まだ母さんが元気だった頃、よくパチンコに行っていて、その2階に喫茶店があり、子どもだった私はそこでお昼ご飯を食べていた。

ゲームができるテーブルがあったなぁ。懐かしい。

1年くらい前、東京の下町で久々にそうした昭和の雰囲気の喫茶店に入って、ふと思い出した。

店主のおばちゃんが常連さんと何気ない世間話で盛り上がっていた。

安心できる日常って、いい。

母さんには、自分がパリ大会で頑張っている姿を見せたい。

車いすバスケットボールに出会う

高校は全寮制の北海道岩見沢高等養護学校へ。

その頃、中学生だった妹は、親戚の家から地元の中学校に通っていたので大変だったと思う。

当時、自分は特に何も打ち込んでいなかったが、高校2年の時、車いすバスケットボールに出会った。

体育館で初めて見た時、「カッコいいな、こんなスポーツがあるのか」と。

女の子にモテるかな？　そう思って競技を始めた。

とはいえ、車いすバスケ以外については、本当にどうしようもない生徒で、高校3年間で使ったノートはたったの1冊。

勉強なんて全くしなかった。

どうして卒業できたか、今なお全然わからない。

高校の時は全寮制だったので、悪い奴もいたけど、中学の時よりも少なかった。

高校卒業後も車いすバスケを続けた。

何だかんだで楽しかったからかもしれないし、スポーツをやれる喜びはあったけど、今、思えば、遊びだったなと思う。

当時、自分で限界を作ってはいなかったけど、現実には全く握力のない自分が握力のある選手たちと対等にはプレーできず、その差は開いていくばかりだった。

だが、車いすラグビーは違う。

自分でも不思議なくらい前向きな気持ちになれる。

東京大会で、車いすバスケ男子日本代表は銀メダルを獲得した。

立ち位置や注目度において、車いすラグビー日本代表は彼らに離された気がする。

悔しい……。

先を越されたから、こちらも負けていられない。

ずっとそんな気持ちだったけど、今年（２０２４年）1月、タイで開催された車いすバスケのＡＯＣ（アジア・オセアニアチャンピオンシップス）で、男子代表は準決勝で敗れ、パリ大会の出場権を獲得できなかった。

リアルタイムで見ていたけど、その結果に言葉が出なかった。

東京大会で銀メダルを獲って、「次のパリでは金メダルだ！」といろんな意味で期待されていたかと思う。

もし自分が代表の立場だったら、もう何も考えたくない。

12大会連続でパラリンピックに出場し、13大会連続出場がかかっていた車いすバスケ男子日本代表。

結局、２０２２年の世界選手権の予選で選手や関係者が新型コロナにかかって、本大会の出場権を棄権して以降、チームの歯車がどこかかみ合わなくなっていったのかもしれない。

せめてＡＯＣで2位になれば、4月の最終予選に進めたのに、残念な結果になってしまった。

4年後のロサンゼルス大会に向けて頑張ろうという人もいるだろうけど、ベテランの人はモチベーション(やる気、動機づけ)をどうするのだろうか。

パラリンピックに日本の車いすバスケのチームが出ないことは、楽しみが一つ減ったと言うしかない。

正直、さみしい。

これがスポーツなのか……。

いつどこでどうなるかわからないのは、スポーツの怖さだ。

高等養護学校の卒業式。キムタクに憧れてロン毛にしていた

社会人になって

高校卒業後は、宝石店で働いた。

そこは障害者雇用で入った。店頭で「いらっしゃいませー」と声を出していた時が懐かしい。

病院に出向いて看護師さんに営業していたけど、あまりいい思い出はないなぁ。

その後は、札幌場外市場にあるカニをメインに売る海産物店で働いた。

朝早くて大変だった。

12月になると午前3時半、4時には市場に出ていた。

今でも札幌に行く時は市場を訪れる。

お土産は働いてみたお店で買う時もあれば、お世話になっていた取引先のカニ問屋さんでも買う。

当時、観光客に「へい、いらっしゃい。カニおいしいよ。食べて行きな」って、茶髪の池崎青年は声をかけていたなぁ。

特に女性の時は張り切った(笑)。

試食を勧めると「え？　いいんですか？」と、たいていのってくる。

「安くしてあげるから、食べていってよ」

「え、まだいろいろ見てから決めようかな」

「いろいろ見てからだと、目移りするから！　間違いなくおいしいカニを茹《ゆ》でたてにして、お土産に送ってあげるから！　まずかったら返品ＯＫだから。世界一おいしいよ」

「なんか、胡散《うさん》臭い……」

「いやいや、胡散臭い人ほど実は優しいし、間違いないものを送るから」

そんなやりとりをした覚えがある。

12月はお歳暮で忙しく、朝から晩までひたすらカニを茹でた。

1日に何百、何千と茹でたなぁ。

そういえば、亡くなった父さんが「カニ屋をやるのが夢だった」と言っていたらしい。

そのことは就職して母さんから初めて聞いた。

人と喋《しゃべ》るのが好きな自分は、海産物店が合っていたと思う。

その後、仕事はいろいろやったけど、長続きはしなかった。

でも、今度は「経営する形でカニをメインに売る海産物店をやりたい！」という気持ちも芽生えている。

あの頃のプライベートを補足すると、高校を卒業して社会人になってからは、スポーツカーに乗る走り屋だった。

暴走族を追いかけて遊んでいたら、自分も暴走族に間違えられ、警察に写真を撮られたこともあって……自業自得だけど……あ、ここは笑うところですよ(笑)。

今、函館時代を振り返ると

妹から見た私は「怖かった記憶しかない」そうだ。

僕ら兄妹は本当に波乱万丈だった。

でも、親がいたからこそ、今の自分があると思える。

実際、そうじゃない？

あれもしたい、これもしたいと自分が思っても、親がいなかったらそもそも思えないのだから、感謝しないといけないんじゃない？

みんなは、どう思う？

自分の誕生日は親に感謝ですよ。

妹だって、自分と同じ思いをしたはずだけど、今は親に対して恨《うら》みはないのではないかな。

当時の私たちの両親には、子どもたちにわからない事情があったのだろう。

そんな家庭は、いくらでもあるのではないか。

そうした過去があるから、自分は人の痛みを少しは想像できるのかもしれない。

池だって、交通事故に遭った時、車にいた複数の仲間が亡くなって自分だけが生き延びたという過去を持っている。

それだって一生忘れられない辛い過去だ。

自分だけの命ではなく、他の人に生かされている命でもある。

足を失って、手が動かなくなって……。

それでも日本代表のキャプテンとして頑張っている。

人生、楽しいことばかりではないし、楽なことばかりではない。

いろいろな困難もあり、辛いこと、苦しいこと、たまに楽しいこと、その繰り返し。

波のように訪れてくるのが人生。

そこに自分の人生があるっていうだけ。

辛いことがあれば楽しいことがあるし、困難を乗り越えれば成長した新しい自分と出会えたりする。

寝て起きて飯を食って……それだけでは成長できない。

それぞれ、人によって、ドラマはありますよ。

東京パラリンピックの後、帰郷した時に撮った家族写真。左から母、妹

池崎選手を応援する人　その2

Beauty Salon TANAKA
新浦安店　店長　大久保将志さん

おおくぼ・まさし
1988年生まれ。㈱東京美容研究所　Beauty Salon TANAKA　新浦安店店長。
2007年入社、17年店長に。美容師歴18年。
モットーはお客様のライフスタイルに寄り添ったご提案をすること。

池崎さんは2020年くらいに初めてご来店されました。

第一印象は「イカツくて、ヤバい人だな(笑)」。

車いすに乗っているけど、上半身がガッチリしているから「何かの選手かな」と思いました。

打ち解けるまでは少しだけ時間がかかりましたが、今ではいろんなお話ができるようになりました。

ヘアースタイルやカラーのこだわりも強く、私は「これ、できるかなぁ」という時もあるのですが、池崎さんからは「いや、店長、やるか、やらないか、どちらかでしょ！」と言われます(笑)。

普段は、前髪だけとか、刈り上げるだけとか、月に1~2回来店されますね。

今では気軽に立ち寄れる店になっているようで、それが嬉《うれ》しいですね。

そんな池崎さんですが、初めて選手として生で見たのは、去年(2023年)2月のジャパパラ(ジャパンパラ車いすラグビー競技大会)で、車いすラグビーについて「激しい、普通に面白い、ゲーム性が高い」という印象を持ちました。

去年のＡＯＣも有休を取って見に行き、池崎さんの躍動ぶりを目に焼きつけました。

試合後、池崎さんはサインもたくさん求められていて、それを見たうちのスタッフの１人は「池崎さんのこと、初めてアスリートだと思いました。有名人なんですね」なんて言ってましたよ(笑)。

お店にいらっしゃる時は、車いすラグビーについて話さないですし、部活動でいたような「ちょっと怖いけど、いい先輩」という雰囲気なので(笑)。

今では、別のお客さんたちとパラスポーツの話をすることもあります。

ジャパラの後、車いすラグビーのパンフレットを持って帰って、お店に置いてありますし、私が好きになっちゃったんですね、車いすラグビーのこと。

生で見ちゃうとハマりますね。

ＡＯＣで日本代表のパリ大会出場が決まった後、うちの会社に池崎さんが来店してると伝えたら、系列全店のホットペッパーのブログに池崎さんやパリ大会出場のことを載せようと決まり、ご本人承諾の上、掲載させていただきました。

池崎さんの写真もお店に貼っていて、これからも多くの人に知ってほしいと願っています。

うちのお店は段差がなく、普段から高齢で杖をついている方、車いすを使う方が多くいらっしゃいます。

だから、池崎さんが来店された時も、こちらは普通の感覚でしたね。

障害があっても、その程度は人それぞれで、皆さん、いろんなことを工夫されていますし、自分でやれることも多いです。

池崎さんは握力がないですけど、指は動くので箸は持てますし、コーラの缶を開ける時は歯で開けていました。

それを見て、障害がある人に対して必要以上に気を使わなくていいんだなと気づきました。

池崎さんのラジオも聴いていますよ。

その中で印象が強かったのが「障害があるからできないではなく、どういう風にすればできますかと聞いてもらえると、こちらもできることが増える」という話です。

それ以降、お客様で高齢の方や障害をお持ちの方に対しても、何かあった時、「どうすればできますか?」と尋ねることができるようになりました。

「どんな経緯で車いす生活になったのですか?」といったことも以前は質問できなかったのですが、池崎さんのラジオをきっかけに、話せるようになりましたね。

障害のある方との会話は、こちらが壁を作っているだけなのかもしれません。

池崎さんと知り合えて、本当に良かったです。

ただ、こだわりが強い分、繊細でもあり、照れ屋さんでもあります。

うちのスタッフが、ラジオでの池崎さんの感想を「喋《しゃべ》り、上手ですね」と伝えた時、「まぁ、一応、ちゃんとやってますからねぇ」と返していた時の顔は、まんざらでもなさそうでした。

こういう人って、いいですよね。

ヘアースタイルの方は私が頑張りますので、池崎さんにはパリで必ず金メダルを獲ってもらいたいです。

こだわり満載のリクエストに笑顔で応えます！　池崎もすっかりリラックス

4コマ漫画 ①

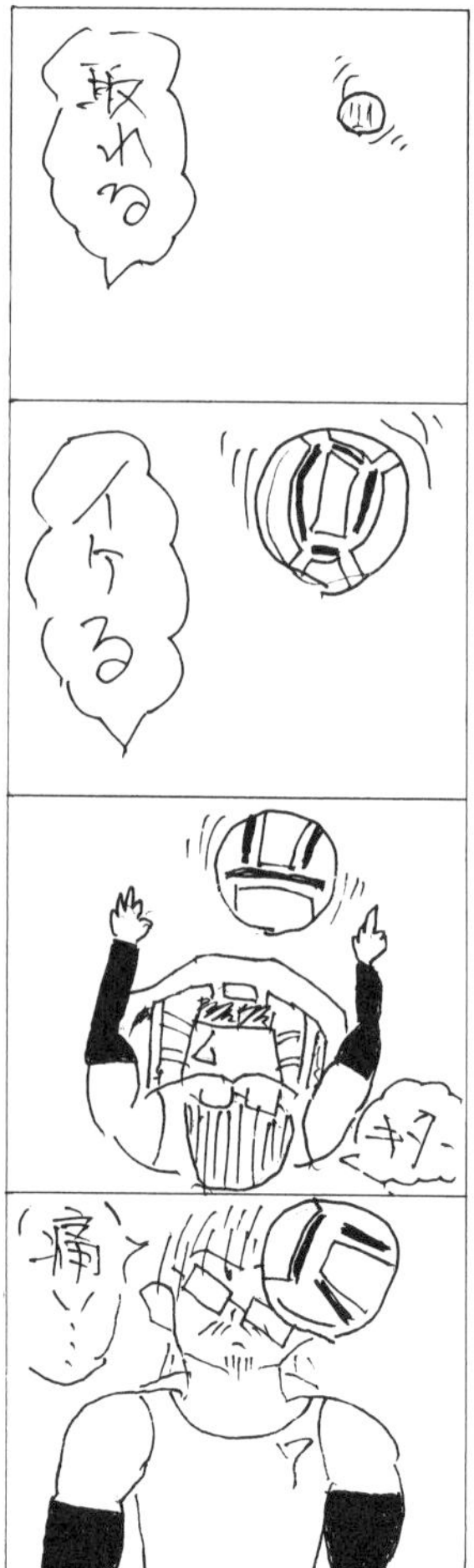

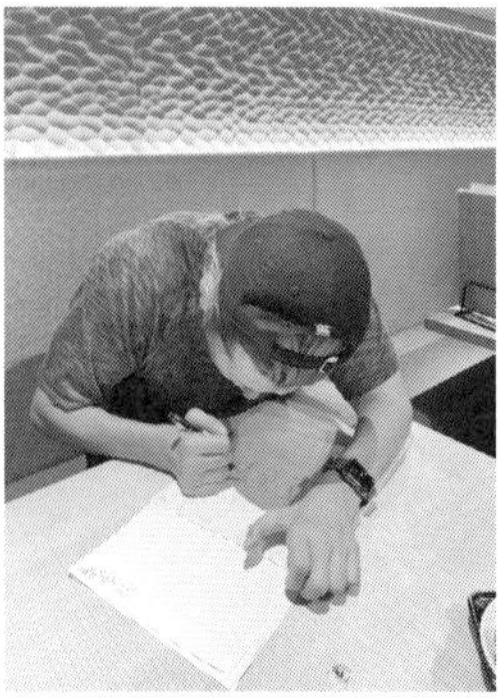

４コマ漫画執筆中。提出はギリギリでしたね！（笑）

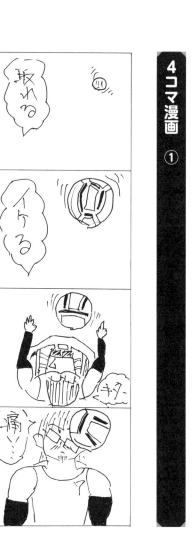

第4章　うつ病とケビンと

自分は全然強くない

初めて告白するが、東京パラリンピックの数年前に、うつ病と診断された。

北海道から千葉への単身赴任、全国を飛び回るほどの競技の普及活動の多さに加え、選手としてやらなければいけないトレーニング、金メダル獲得へのプレッシャーが積み重なり、代表合宿にも行けなくなった。

精神病棟に入院していた時期もある。

そこは鍵や監視カメラのついた部屋だった。

自殺未遂も2回している。

それで北海道に残していた家族が千葉に来て一緒に住むようになった。

僕は茶髪でコワモテのため、強いイメージがあるかもしれないが、全然強くないし、強く振る舞っているだけ。

病院には今も通っている。

毎日午後10時半ごろ、抗うつ剤、睡眠導入剤を飲んで寝ている。

薬が効くと何もなかったかのように眠れるが、たまに全然眠れず頭が痛くなることがある。

だから、日々、メンタルを保つことがすごく大変だ。

うつ病になってから、いっそう大変になった。

今も何かを多く抱え込んでしまったらパニックになるし、死にたいと思ってしまう。

止まると余計なことを考えるから、常に動いている。

籠《こも》ったら籠りっぱなしになるし。

常にトレーニングして、誰かに会ってというリズムの方がいい。

ずっと暗闇にいたから。

人間、容量がある。

それをオーバーしてしまうと心が壊れてしまう。

かといって、北海道に居続ければ良かったとも思わない。

世界を目指すには北海道は不向きだ。

雪の期間が長く、夏の競技の車いすユーザーは大変だから。

自分にはいろいろな人の支えがあるけど、その中の大きな1人だったのが、日本代表前ヘッドコーチ(以下HC)のケビン(オアー氏※7)だ。

どんな時も「俺はお前の味方だからな！　理解者だからな」と背中を押してくれた。

ケビン自身、うつ病の仲間が周りにいたため、僕への理解が深かった。

そういえば、ケビンに本を出すと伝えた時、「そうか！　じゃぁ、俺とお前が映っている写真は全部使っていいからな」と言ってくれたなぁ。

ケビンが日本のHCになってくれたことで、日本は間違いなく強くなったし、出会えて心から感謝している。

合宿中、当時のケビンＨＣ（左）と談笑する。出会えて良かった

※7　ケビン・オアー氏＝１９６８年生まれ。車いすラグビーのアメリカ代表（２００２〜04年）、カナダ代表（２００９〜16年）のＨＣを経て、17年、日本代表ＨＣに就任。翌年の世界選手権で日本代表を優勝に導くなど、多大な功績を残したが、23年のアジア・オセアニア選手権で代表ＨＣを退任した。

ケビンの退任　AOCでチームは生まれ変わった

昨年(2023年)6月29日から7月2日まで、東京体育館でパリパラリンピックの出場権1枠をかけたアジア・オセアニア選手権(以下AOC)が行われ、日本代表は決勝でライバルのオーストラリアを破り優勝し、今年(24年)のパリ大会の出場権を獲得した。

その大会直前、ケビンがAOC後の退任を発表した。

退任の理由はいくつかあるが、ケビンはアメリカのアラバマと日本を毎月往復する生活を続け、睡眠障害が起きていた。

さらに日米間の往復で大切な家族と一緒に過ごす時間も減っていた。と同時に、自らが作り上げた日本代表は世界最高峰のレベルに達しており、退任するのは今ではないかと考えたようだ。

確かにパリパラリンピックの1年前に辞めるという決断は、賛否両論あるかもしれないが、僕は尊重してあげたいと思った。

公式発表の前にもちろん退任のことは聞いていたけど……。

その一報を耳にした時から、猛烈なさみしさが襲ってきたのを覚えている。

ケビンは、コロナ禍の時でもアメリカから来てくれた。

でも、2週間もホテルで1人で隔離されてから、NTC（東京都北区のナショナルトレーニングセンター）をはじめ、各練習場に入らなければならなかったとのこと。

もっとケビンにサポートができたのではないか。

2回に1回はアメリカからリモートで指導してもらえれば良かったのではないか。

そんなことを自問自答してしまう。

でも、それだけ本気で日本代表を大切にしてくれたのだ。

AOCの開幕前日の記者会見で、ケビンは6年間の思いがこみ上げて泣いていたと後で聞いた。

プレッシャーのかかったＡＯＣで優勝できて、本当に良かった。

ケビンはリオ大会の翌年から日本代表のＨＣに就任したが、元々はカナダ代表のＨＣで、リオの時は日本の3位決定戦の相手(カナダ)のＨＣだったから、不思議な縁を感じる。

ケビンは当時から日本代表のことを高く評価していたそうだ。

指導歴としては申し分なく、クラブチームで全米選手権5連覇をはじめ、アメリカ代表のＨＣとしても04年のアテネ大会で銅メダル。

カナダ代表のＨＣとして12年のロンドン大会で銀メダルを獲得している。

だが、ケビン自身もパラリンピックで金メダルをつかむことができていなかった。

だから、ケビンと一緒にパリ大会でどうしても金メダルを獲りたいという思いで、これまで歩んできたのだ。

自分を信じろ

6年もケビンと一緒にいたのだから、印象に残っていることは、もうたくさんあるけど、一番学んだのは競技の奥深さだ。

今まで代表選手が知らなかったり、自分たちが取り入れていなかったあらゆるディフェンス、オフェンスを教えてくれた。

ディフェンスならゾーンディフェンスやエリアで守ること。

オフェンスならアドバンテージを作るためのスペースの空け方、相手との距離の取り方などなど。

自分が知っている全てを代表に注ぎ込んでくれた。

そして、代表メンバーには常に「自分を信じろ」と言い続けた。

なぜか。それはプレーに表れるからだ。

自分を信じていないと車いすで走り切れるところを走り切れないし、いつも通りのプレーができない。

「自分のパフォーマンスをしっかり出すには自分自身を信じなければならない！」、「やってきたことに自信を持て！」と檄を飛ばし続けてくれた。

この「自分を信じる」ことの大切さは、ＡＯＣで身に染みた。

ケビンは代表メンバーに対し、東京パラリンピックの時と２０２２年デンマーク世界選手権の時に「君たちは世界一のチームだと思うか？」と投げかけてきた。ともに手が挙がったのはまばらで、結果的に東京でもデンマークでも、自分たちは世界一になれなかった。

それが僕を含め、日本代表の弱さだったと思う。

補足すれば、東京パラリンピックの前哨戦、19年の国際大会「ワールドチャレンジ」で日本代表は銅メダル。

デンマーク世界選手権の前年の東京パラリンピックでも日本代表は銅メダルだった。

このように、ここ数年、世界一だと言える結果が出ていなかったのは、僕を含め、代表メンバーが、今一つ「俺たちは世界一のチームだ」と言えなかったのが原因だった。

だが、同じ問いに対し、ようやく全員がしっかりと手を挙げたのは、ＡＯＣの時だった。

ケビンは「結果じゃないところにも大切なところがある。結果が出ないから自分たちは弱い、あるいは世界一じゃないというわけじゃないんだよ」と言っていた。

車いすラグビーは１人でやるのか？　そうじゃないだろ？

周りを見ろ。一緒に厳しいトレーニングを積み重ねた最高の仲間がいるだろ？

そうした思いを問われている気がした。

ケビンの退任を機に、日本代表はようやく一つにまとまった。

自分たちが世界一だと心から思えた時、圧倒的な力を発揮できるのが日本代表だ。

「自分たちは世界一のチームだと思うか？」

この問いに、パリパラリンピックの試合前に「おう！」と一人一人が言えれば、おのずと結果は見えてくる。そう、金メダルだ。

AOCで優勝しなければならないプレッシャーは相当あった。予選で戦った韓国やニュージーランドは、確かに格下だが、勝負は始まってみないとわからない。

強敵オーストラリアならなおさらだ。

ケビンと一緒に戦う最後の大会で、有終の美を飾ってもらうために、何としても負けられない。

代表メンバー、スタッフ全員が、ケビンの晴れ舞台を作り、幕引きにふさわしい場をと思っていたはずだ。

もし決勝で負けたらケビンに合わせる顔がないし、日本代表はパリ・パラリンピックの半年前、2024年春の最終予選に回らなければいけなかった。

そうなると時間もお金もかかるし、パリパラリンピックに向けて、万全の準備をする時間も確保できない。

つまり、パリで金メダルを獲る計画が狂う。

だからAOCの決勝でオーストラリアに勝つことができて(予選を含めると7戦全勝だったが)、本当に良かった。

ケビン退任に伴う心境、環境、状況の三つが揃ったことが大きかった。

でも、決勝戦前日の囲み取材で、旧知の取材陣の女性から「日本代表が予選を全勝でクリアすると、その後の結果が良くない」と指摘され、思わず「何だと～！」といつもより高い声が出てしまった(笑)。

確かに、東京パラリンピックの時も、デンマーク世界選手権の時もそうだった。

AOCでも予選6試合を全勝したものの、決勝のオーストラリア戦で負けると予選の結果は関係なく、ただの準優勝となり、最終予選に回らなければいけなかった。

だが、チームが一つにまとまったAOCでは、そうしたプレッシャーを跳ね返すことができた。

あと、やっぱりＡＯＣで優勝し、パリパラリンピックの出場権を獲得して本当に良かった。

東京体育館を埋め尽くすファンの方々が来てくださっているのに、負けたらシャレにならないし、閉会式の華々しいセレモニーで、しかも自国開催で銀メダル以下という結果には、さすがに耐えられない。

閉会式後のレセプションで、多くのスポンサーの皆様にお会いしてご挨拶をする際も、もしＡＯＣで負けていたら普段から支えてくださっている方々に顔向けできないところだった。

年齢を重ねるごとに感謝の気持ちが強くなっている。

自分たちが戦う舞台は誰かが用意してくれるもので、それだけでもありがたいお話なのだ。

自分たちの見えない場所で誰かが動いてくれた積み重ねが、大会の盛り上がりや円滑な運営につながっているのだと切に感じる。

ＡＯＣが終わって、みんなとケビンと食事してこれまでのお礼を伝えたのだが、それだけでは足らないと思って、翌日、空港までＡＯＣの優勝メダルを持って会いに行った。

ケビンは「いらない、いらない、お前が持っておけ」と言ったが、「自分のやつはまた作ってもらうから、あげるよ」とケビンに押しつけた。

ケビンとの最後の試合で勝ち取った優勝メダル……。

ケビンの手元にあれば嬉《うれ》しいかなと思って。

10
AUSTRA

JAPAN
7

AOCで優勝し、パリパラリンピック出場権と金メダルを獲得。次はパリで必ず！

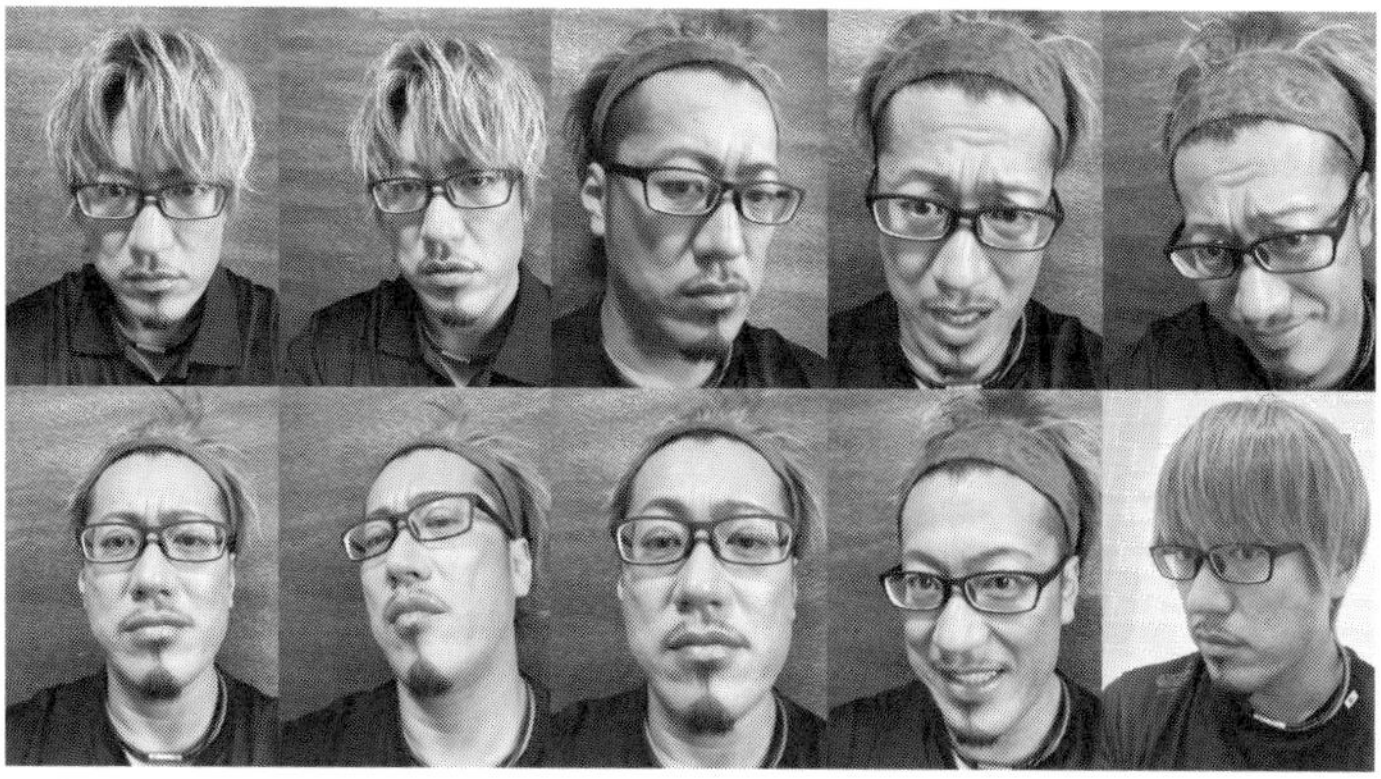

池崎百面相。いろいろな表情を研究しています

車いすでスーパーマーケットに買い物に出かけます。愛車を駆って、どこでも行っちゃうよ

大好物のすしを堪能中。握力はゼロだけど、指先は動くのではしもちゃんと使える

岸光太郎HCについて

ケビンの後を継いだ岸さんとは、ロンドン大会やリオ大会に一緒に出ている。僕より6歳年上。

今も所属クラブ（AXE）では現役のプレーヤーで、就任前は日本代表からは引退していたが、指導歴のない中で、重責のHCを引き受けた。

代表合宿では、岸さんとバチバチやり合った時もあった。

でも、それは本気の選手同士なら当たり前で、大きな目標は一緒だが、そこに行くための考え、手段、ルートが違っただけ。

他の競技や職場でもよくあるのではないだろうか。

岸さんのようなローポインターと僕のようなハイポインターの考えの違いも当然あるし。

そうした違いを埋めていったチームが最後に勝つと思う。

でも、正直、誰が監督になろうと、選手は積み重ねたトレーニングや思いを試合で出すだけ。継続してやるだけ。その中で新たに日本の色を作ることが大事だと思っている。

ただ、残念ながら、岸さんのＨＣデビューとなった去年（２０２３年）10月、パリで行われたパラリンピック前哨戦「インターナショナルウィルチェアラグビーカップ」は、またも銅メダルになってしまったけど。

とはいえ、海外チームの中で、対戦機会の少ないアメリカと戦うことができたのは収穫だった。

今度のパリ大会本番では、岸ＨＣのもと、団結して戦わなければならない。

プレイバック東京パラリンピック

あまり思い出したくないなぁ(苦笑)。

本気で金メダルを獲る気持ちだったし、必ず獲れると信じていた。

でも、自分たちは2大会連続の銅メダルだった。

リオデジャネイロ大会からの5年間、コロナ禍でもトレーニングに打ち込み、全ての生活を車いすラグビー優先で過ごしてきたのに、勝てると見込んだイギリスに準決勝で敗れた。

パスコースを塞がれ、こちらのミスが重なり……力を発揮できず情けなかった。

コロナ禍でもイギリスはしっかりと日本を研究していた。

コートに父さんの形見の金の腕時計を持ってくるほど、金メダルへの思いも強かったけど、届かなかった。

父さんには近くで見てほしかったから。

金の腕時計で金メダル……験担ぎじゃないけど。

自分の力不足で、みんなと喜びを共有できなかった。

今、振り返ると、父さんに「まだまだ強いチームはいる。修業が足りない」と言われているようだった。


あの日は明け方まで泣き続けた。

気持ちが切り替わったのは、信じられないかもしれないが、翌日の3位決定戦のオーストラリア戦の試合開始直前。

その時になって初めて「自分を応援してくれた人たちのためにも、きちんと勝って銅メダルを届けよう」と思えた。

試合は完勝だった。

望み通りの結果ではなかったけど、もう二度と来ないであろう自国開催のパラリンピックでメダルを獲得でき、応援してくれた方々に感謝の気持ちを伝えられた。

銅メダル獲得後のメディア出演で、多くの方々から笑顔で「お疲れ様でした」と言ってもらえたのは意外だった。

というのも、僕は大会前から「東京では金メダルしかいらない」と強気で言っていたからだ。

だから銅メダルを見せるのは気が引けたけど、皆さん、本当に温かく迎えてくれた。

身構えた自分が恥ずかしかった。

メダルの色よりも、心から自分を応援してくれる人の多さに気づいて、胸がいっぱいになった。

2018年の世界選手権で金メダルを獲った時も嬉《うれ》しかったが、世界選手権のメダルはパラリンピックのメダルに比べて小さいし、世の中への影響力がまだ弱い。

誰もが知っている大会で金メダルを獲って初めて、みんなに認めてもらえると思っている。

だから、僕は今も満足していない。

今度のパリ大会では、何が何でも金メダルが獲りたい。

金メダルを獲って初めて見える景色があると思うし、金メダルを獲ったからこそ伝えられる言葉があると思う。

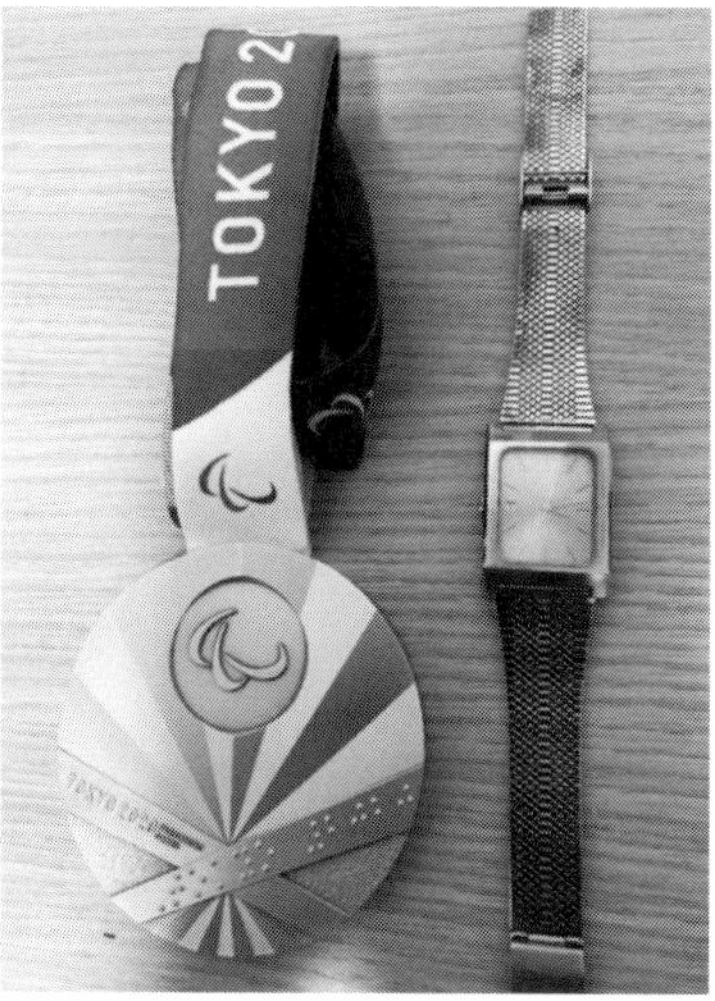

パラ東京大会でお守りにした父の形見の時計(右)と銅メダル

東京大会からの3年間

２０１８年に世界選手権でＭＶＰを獲れたのは、今のところ、僕の車いすラグビー人生で最も嬉《うれ》しかったことだ。

それを除けば、金メダルを獲った大会であっても、頂点に立ったという意識はない。

だから何としても次のパリ大会で成し遂げる。

一方で、油断していると、すぐ落ち目になる。

東京大会を終えて、道に迷っているなと感じた時もあった。

これからどうやって、選手として、チームとして、成長していけばいいのか、と。

そうした気持ちを抱えつつ迎えた22年10月のデンマーク世界選手権で、日本は18年大会に続く連覇はならず、東京パラリンピックと同様3位だった。

準決勝のアメリカ戦でミスを連発し、相手のペースになってしまった。

日本は世界一の力があるのに、どうしてその力を発揮できないのかと何度も自問自答したが、おそらくメンタルだと思っている。

それぞれの選手が、自らを、そしてチームをコントロールできるようにならないといけない。

それぞれ何かが足りないのだろう。

だからリオ大会で銅メダル、東京大会でも銅メダル、そして大事な世界選手権でも銅メダルだった。

それでも3位決定戦というメダルがかかった切羽詰まった状態では勝つことができている(デンマーク世界選手権でも日本はオーストラリアに勝った)。

底力があるのは確かだと、自分はポジティブにとらえている。

だが、準決勝の壁が存在するのも事実。

優勝、優勝と気負ってしまうのか、まずは準決勝で勝つための、気持ちの持って行きようが足りないと反省している。

準々決勝までいい流れで来ているのに、準決勝になると負ける……。

何故なのだろう。

そこまで順当に勝っているからといって、手を抜いているわけではないし緊張しているわけでもない……。

集中力が持続しないのか、潜在意識の中で相手にひるんでいる部分があるのか……このあたりだと思うけど。

緊張を力に変える上手なスイッチの入れ方をチームで共有したい。


試合中、自分のパスがローポインターに届かない、あるいはキャッチミスが出る時は責任を感じる。

障害が軽い分、試合ではローポインターよりハイポインターの方が責任は重いのだ。

パリ大会にむけて、東京大会を超えるチームの底上げはできている。

ハイポインターが確実に得点し、ローポインターが相手のハイポインターをいかに先回りして止める回数を増やせるか。

俺たちは強い、最高のチームだという思いを誰もが持ってパリ大会では戦いたい。

一方で、「第1ピリオドの池崎の出来次第で、試合展開が予想できる」という声もある。

ミスを恐れ、守りに入る自分はダメ。

最後はいかに自分と戦えるか。

それができた上で頭よりも自然と体が動いているのが理想だ。

自分の人生で一生懸命、勉強したことがないけど(笑)、トレーニングは勉強と一緒だと思う。

うまくいけば、一気に伸びる。

パリに向けて、まずは、試合中の自分のパフォーマンスをもっと上げること。

自分自身をコントロールすること。

あと、これはチームにも言えるけど、頭でわかっていてもできないことがあるのがスポーツの難しさだ。

周りの選手とのバランスも考えていかないといけないし。

そうしたことについては、昨年(23年)、池や慎さんと一緒によく喋《しゃべ》った。

コート内をもっとコーディネートしていかないといけないな、と。

AOCの時のように、チームが団結して金メダルを獲りたい。

パリ大会に向けて

今年（2024年）に入って、筋力アップを重点目標としている。脂質を落として、ラグ車に乗る時間を増やし、今後、さらに実戦的な練習を増やしていく。

ローポインターは使える筋力がハイポインターよりも限定的だが、僕のようなハイポインターは使える筋力が多く、鍛える部分が多い分、疲労も溜まってしまう。

やろうと思えば、2〜3か月で本番仕様の身体になるのは経験済みだ。あくまでパリパラリンピックの決勝にコンディションのピークをもっていきたい。

予選ではなく、決勝ね。

そう考えると、少しずつ、ケガをしないようなトレーニング、筋トレ、体育館での練習を積み重ねて、右肩上がりにしていくことが大事だ。

だから、コンディションをあえて一気に上げていかないようにしている。


ちなみに、今年(2024年)4月にイギリス・カーディフで行われた国際大会「2024　ウィルチェアラグビー　クアードネーションズ」では、日本、イギリス、アメリカ、フランスが参加し、日本は決勝でライバル国の一つアメリカを破って優勝した。

僕は発熱で予選の2試合を欠場したが、そこから回復し、3試合に出場。

対戦機会の少ないアメリカとも戦えたし、収穫のある大会だった。

その一方、アメリカの底力も感じた。

マイボールへの執着、勝利への執念は特別に強いし、ここぞという大舞台では命を懸けて戦うすごみがあるから。

それにしても、海外で熱が出たのは初めて。

結果はコロナでもインフルエンザでもなかった。

ベッドに横になりながら、「俺はいったい何のためにイギリスに来たんだ」と思った。

この本が出る頃には、6月の国際大会「カナダカップ」が終わって（優勝しました！）、8月末のパリ大会が迫っているはず。

前回の東京大会の前は、コロナ禍で国際大会も開催されず、海外のチームと全然戦えなかった。

それに比べれば、相手チームから研究されるのはお互い様にせよ、いい状態で本番に臨める。

池崎選手を応援する人 その3

MA SPORTS 代表
スポーツライター　荒木美晴さん

あらき・みはる
1998年の長野パラリンピックを観戦し、スポーツとしての迫力とスピードに魅了され、国内外のパラスポーツの取材をスタート。パラスポーツ専門サイト『MA SPORTS』を立ち上げ、大会レポートやコラムなどを配信するほか、スポーツサイト等に寄稿している。パラリンピックの取材は2000年のシドニー大会から始め、夏季・冬季を含めて、パリ大会で13大会目。

日本代表がパラリンピックに初出場した2004年のアテネ大会以来、車いすラグビーをずっと取材しています。

アテネ大会の経験者で、今なお車いすラグビーの現役で日本代表にいるのは島川慎一選手だけになりました。

今、代表の主力である池透暢《ゆきのぶ》キャプテンも、池崎大輔選手も当時はいませんでしたが、13〜14年ごろから、3人が揃ってプレーするようになり、あっという間に代表チームを引っ張り、チームが強くなっていきました。

池選手と同様、池崎選手も車いすバスケットボールの出身で、チェアワークの俊敏さと高さがあり、「2人ともすごいなぁ」という目で取材していた気がします。

池崎選手については、取材エリアでもまとっているオーラを感じます。また、声をかけたら、時にウイットに富んだ回答を交えながらも丁寧に話してくれますね。

東京大会で金メダル獲得を目標に掲げていた車いすラグビーの日本代表。

私自身も、優勝を信じて疑いませんでしたし、勝手ながら車いすラグビーの取材スケジュールは決勝進出を前提に組み立てていました。が、現実は準決勝でイギリスに敗れました。

私はその日、別の競技の取材があって、会場の代々木第一体育館に入ったのは実は試合途中だったのですが、私も結果にショックを受けましたし、選手やスタッフたちの心情を考えると言葉が出ませんでした。

ラジオ局のアナウンサーによると、敗戦後、私は泣いていたそうですが、衝撃が大きかったのか、全然覚えていません。

あれから3年……。

ライバルチームの一つで、22年の世界選手権を制したオーストラリアとは23年のアジア・オセアニアチャンピオンシップ(AOC)でも3試合戦い全て勝ちましたし、国際大会で対戦する機会が多い分、相手の研究も同時に進むので、パリパラリンピックでもそれほど心配していません。

日本代表が23年のAOCの決勝、オーストラリア戦で見せた、自信に満ちた理想の車いすラグビーがパリ大会でも継続してできれば、結果はついてくると思っています。

要注意は、それほど対戦機会が多くない欧米勢だと考えています。古豪のアメリカやカナダはさらなる選手層の拡大を図っていますし、フランスも自国開催で強化が進んでいます。

日本代表が苦戦するとしたら、自分たちにとって想定外の戦術を出された時ではないでしょうか。

ＡＯＣの後、ケビン・オアー氏から指揮のバトンを受け取った岸光太郎ヘッドコーチのもと一致団結し、世界と対峙する日本代表の戦いに刮目したいと思います。

パリ大会では、池崎選手に自由に伸び伸びとプレーしてほしいですね。

相当プレッシャーがかかると思いますし、観客やメディアの注目度も高いと思いますが、自由に元気にコートを走り回っている姿を見たいです。

車いすラグビーは、四肢麻痺者など比較的重い障害がある人向けに考案されたスポーツです。車いすバスケットボールや他の競技に比べると競技人口が増えづらいという側面があり、そうした障害をものともせず力強くプレーしている選手たちを心から尊敬します。

　パリ大会での悲願の金メダル獲得を期待しています。

ＡＯＣ優勝の記念写真。決勝のオーストラリア戦で見せた日本の車いすラグビーを、パリ大会でまた見たい！

第5章　障害者も健常者も

障害とは何か

自分は、皆さんにもっと気軽にパラスポーツの会場に来てほしいと思っている。

多くのパラアスリートがそう思っているはず。

プロ野球やJリーグを見るような感覚で「明日、車いすラグビー、見に行かない?」とか「今度、パラ陸上、見に行こうぜ」といった会話がもっと増えてくれると嬉《うれ》しい。

会場周辺の雰囲気も大事だ。

屋台やキッチンカーの地元グルメをほおばりながら、あるいはお酒を飲みながら、もっとフランクに観戦してほしい。

その環境整備も大切だ。

個人的には、ミスや不甲斐ないプレーがあったらヤジってもらって構わない。

「池崎、しっかりしろ!」とか「池崎、この前、厚木の焼肉屋にいただろ!」とか、周りが意味のわからないものも歓迎する(笑)。

確かに、厚木のホルモン亭「大ちゃん」は、自分と同じ名前で親近感が湧く(笑)。

ん？　何の話だ？　そうそう、ヤジね。

そっちの方が緊張感が出るし、障害があるからといって遠慮されても気分がモヤモヤするだけだ。

僕たちもスポーツマンであることに変わりはないのだから。


ここで一つ問いたい。何をもって障害というのか。

車いすに乗っているくらいで、果たして障害と言えるのか。

車いすを使うかどうかは、その人の生き方でしょう。

障害っていう言葉を考えた人は、何をもって障害としたのか。

そのあたりの意識の改革をしていきたい。

人それぞれ障害のようなものはあるでしょう。

英語が苦手な人は街で外国人観光客を相手に話せないこともそうだし、背が低い人は高い所のものを取れない、大きい人は体をコンパクトに使いこなすのは難しい。

年中、ひざが痛い、腰が痛いって言っている人だって、言ってしまえば、その痛さが障害ではないか。

自分から見れば、健常者と呼ばれる人でも無鉄砲でクレイジーな人なら障害者に見える。

しかも自分の周りには、ぶっ飛んでいる人がたくさんいるし。

だから障害を特別視する必要はなく、個性の一つかもしれないと感じればいいのではないか。

その人の生き方として、歩けないから車いすに乗る……これは当然だ。

でも、それが障害なのか。

「階段を上れないから不便じゃない？」と言われても、自分は別にそうではないと答える。

階段を上がれないなら、上がらなきゃいいじゃんと思う。

本当に大切な階段なら、きっと自分の周りの人が手伝ってくれて、上げてくれるでしょう。

バリアフリーとか、社会のバリアをなくそうとかよく聞くけど、その人の意識を変えるだけで、社会のバリアは8割なくなるはず。

バリアはどこでもある。社会にも、心にも。

基本的には、困っている人がいたら手を貸す。これだけでいい。

例えば目が不自由な人なら白杖を持っているのだから、まずこの時点で気づこう。

その人が狭い駅構内を歩いていたら「ホームが狭くなっていますから、お手伝いしますよ！」とか「一緒に行きましょう」と伝えるだけで、もう1秒でその人も自分も、心の景色が変わると思う。

一度、目の不自由な人や車いすユーザーと一緒に暮らしたり、一緒に仕事をすると、彼らがどんなことを感じているのか、何をしてほしいのか、どんな考えを持っているのか、わかると思う。

だから、社会はいろいろな人が交ざり合わないといけない。

そうした体験授業があってもいいかもしれない。


自分は「障害者」という言葉や考えを消していきたい。

これからの未来を創《つく》っていく子どもたちが、子どもの頃から障害を持っている人が世の中にいることを知り、身近な存在として感じられれば、街づくりにしても、社会づくりにしても今までとは違うセンスで展開できるのではないか。

今後、自分がコンサルタントとして、企業に出向いて、障害について伝えに行ってもいいかなと思っている。

障害について知らないイコールその子の親が知らないのかもしれない。

世代によっては、街で障害者を見かけても「あんまりジロジロ見ちゃダメ」と教わってきた人もいることだろう。今ほどバリアフリーが整っていなくて、なかなか外出できなかった事情も影響しているかもしれない。

もしクラスメイトに障害者がいれば、子どものころから何となく話しかけ方がわかるだろうけど、こればかりは仕方ない。

普通に話しかけてくれると嬉《うれ》しいけどなぁ。

でも、それって健常者も障害者も一緒でしょ。

変な勧誘以外だったら。

信号待ちしていたら「どこ行くんですか？」とか、普通に尋ねられたら嬉しいな。

ナンパか(笑)。

「筋肉すごいですね。何かスポーツやっていますか？」とかでも大歓迎(笑)。

そうした健常者や障害者との現実、あるいは意識の差を埋めるため、僕は積極的に小中学校へ出張授業に出向くことにしているのかもしれない。

まずは見てもらった方が早いし、車いすに乗っていても、こんなにできることが多いんだなとわかってもらえると思う。

親が知れば、あるいは知ろうとすれば、子は知り、知ろうとする。黙っていても。

親ができていないから子に教えるのかもしれない。

車いすラグビーや車いすバスケの試合会場では、体験スペースで車いすを体験できるから、是非、家族で体験してほしい。

この本を読んでくださっているあなたも僕も、下半身が満足に動く、動かないという違いはあるにせよ、人間としてはそんなに変わらない気がする。

僕から見ると、健常者でも「あなたの考え方や行動は、ぶっ飛んでるよ。おかしいよ」と思う人がいて、そっちの方が変わっていると思うけどなぁ(笑)。

自分とは異なる体の人が、世の中にいるのが当たり前のような意識や日常になってほしい。

4コマ漫画 ②

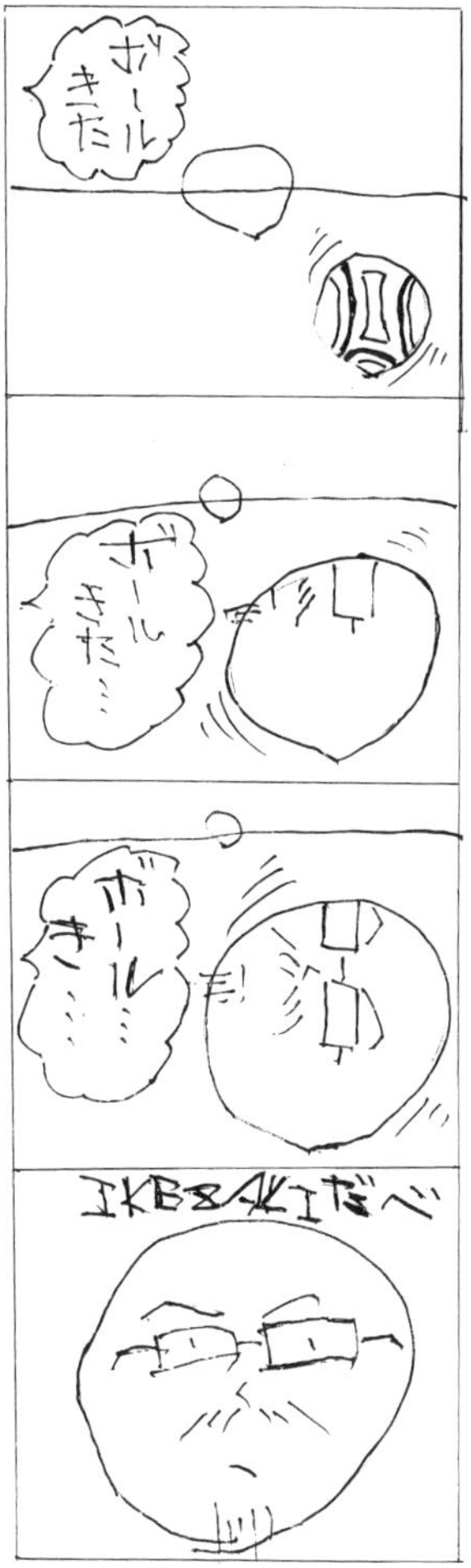

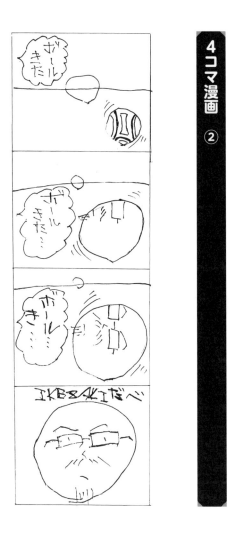

積極的に言葉にして伝えよう！

障害者側としても、健常者に一言伝えて済む、あるいは物事が前に進むなら積極的に伝えることも大事だ。

例えば、車いすユーザーの中には、「ビジネスホテルのユニットバスでタオルを置かれる位置が高いから、最初から低くしておいてほしい」と主張する人がいる。

ただ、これは、直接伝えないとなかなか改善されない。

「車いすユーザーなんだから、言わなくてもわかってよ」と言う人の気持ちも少しは理解できるが、状況を変えてほしいというのが愚痴になってしまってはいけない。

何かを改善してほしい時は、自分から積極的に声をかけて解決しよう。

例えば、チェックインする時に「バスタオルが高い位置にあると手が届かないので、もし今日泊まる部屋でそうなっていたら、移動していただけますか」と言った方がいい。

ホテル側としても、毎日、毎日、障害者がホテルに泊まるわけではない。何でもかんでも、障害者側に合わせろというのは違う気がするし、わがままになってしまう。

そのホテルを自宅替わりにするのなら話は別だが、泊まっても、1年のうち、せいぜい2日か3日でしょう。

それならば、ホテルマンに相談して解決した方が早い。

元々、ホテルマンは親切なのだから。

でも、こういうことは、障害があるかどうか、関係ないかもしれない。

日常生活、職場、仕事で、言わなくてもわかるだろうという判断から、周囲とこじれる場面はたくさんあるはず。

言葉はタダなのだから、みんなで伝える勇気を持ちませんか。

ラジオ、好きです

パラアスリート全体の魅力を発信するため、2022年4月からTBSラジオで毎週土曜、『井上貴博　土曜日の「あ」』という番組の中の『池崎大輔パラスポーツの「あ」』というコーナーでパーソナリティを務めている。

限られた放送枠の中で、パラスポーツが毎週取り上げられるのは本当に貴重だ。スポーツとして社会に認められてきた証拠とも言える。

ゲストも多彩で、現役で活躍中のパラ水泳の辻内彩野さん、パラカヌーの瀬立モニカさんなどを迎えている他、日本パラパワーリフティング連盟の強化委員長の吉田進さんをはじめとする事務方とのトークでは、今後のパラスポーツの普及や海外のバリアフリーについて考える時もある。

皆さん、トークが上手で弾むし、圧倒されてしまうこともある。

きっと普段から競技や団体の発信について深く考えているからだろう。

特にパラパワーリフティングについては、23年1月と12月、築地本願寺で国際招待試合を開催し、吉田さんは、「いつか歌舞伎座で試合をやりたい」っておっしゃっていたなぁ。

こうした視野の広い方と喋《しゃべ》ると心底刺激を受けるし、自然と自分の声も大きくなってしまう。

パラスポーツ同士のコラボにもすごく興味があるし、是非やりたい。

でも、ラジオはゲストで出るのは得意だけど、パーソナリティとして自然に話したり、仕切っていくのは難しい。

しかも、現場の構成作家さんには「池崎さんは、ナレーションが下手！」と言われている(笑)。

「くそ〜！」

元々、台本通りに喋るのが好きじゃないけど、大事な部分は台本に触れないといけない。

敬語を話すことにも慣れていないから、最初はまごついてしまったが、「ラジオの時は、自分は敬語が話せる人に化けているんだ！」と思いながら違う自分を作って喋っている。

大人はこうやって変身できないといけないのだな。

ラジオは視覚障害のある人はもちろん、ブラインドのパラアスリートもよく聴いている大事なメディアだ。

僕自身、そうしたメディアで話せる機会を大切にしている。

たくさんの刺激を受け、たくさん勉強できる大事な仕事場

ナレーションが下手と言われてちょっと悔しいけれど“変身”して頑張っている

※写真はともにTBSラジオ提供

車いすラグビーを通じて出会う子どもたち

車いすラグビーの体験会や出張授業に出向くことも多い。

渋谷区の小学校、中学校のうち、8～9割は回っているんじゃないかな。

午前、午後で合計3クラス教える。

渋谷区長の長谷部健さんが障害者スポーツやユニバーサル社会に理解が深く、心を寄せてくれている。

授業では、まず普通の車いすの座り方、降り方を伝える。

その後、車いすラグビー用の車いすを操作してもらい、慎さん(島川慎一選手)とのぶつかり合いを見てもらう。

その音は、かつての自分が北海道で初めて聞いた衝撃と同じ。

みんな、すげーって驚く。

子どもたちにもその衝撃を受けてもらおうと、自分からタックルをしに行くと男女問わず「キャーキャー」言われて、会場は一気に賑《にぎ》やかになる。

その他、車いすの後ろにつけるタグを取り合うタグ遊びもする。

それにしても今の小学生は、挨拶がきちんとできて、しっかりしている。

最後に、授業のお礼を伝えてくれる時、そう感じる。

何より出張授業では、体験よりも生き方を伝えている。

車いすラグビーで、何かに向かう姿勢、困難をやりがいに変えるモチベーションを伝えているつもりだ。

大人になった時、「そういえば、車いすラグビーの日本代表の茶髪の選手が、体育の特別授業でやってきたなぁ」と思ってくれればいい。


あと、子どもは正直で「車いすって、いくらするの？」と質問してくる。

「車いすって自腹？」とか、真っすぐに本質に迫る子どもたちが愛おしい。

「好きなゲームって何？」とかも。

「握力ないから、ゲームはできないんだよ」と言うと、みんな驚くけど。
特に男の子は、車いすの仕組みについて聞いてくるよね。
メカニックに興味があるんだなぁ。

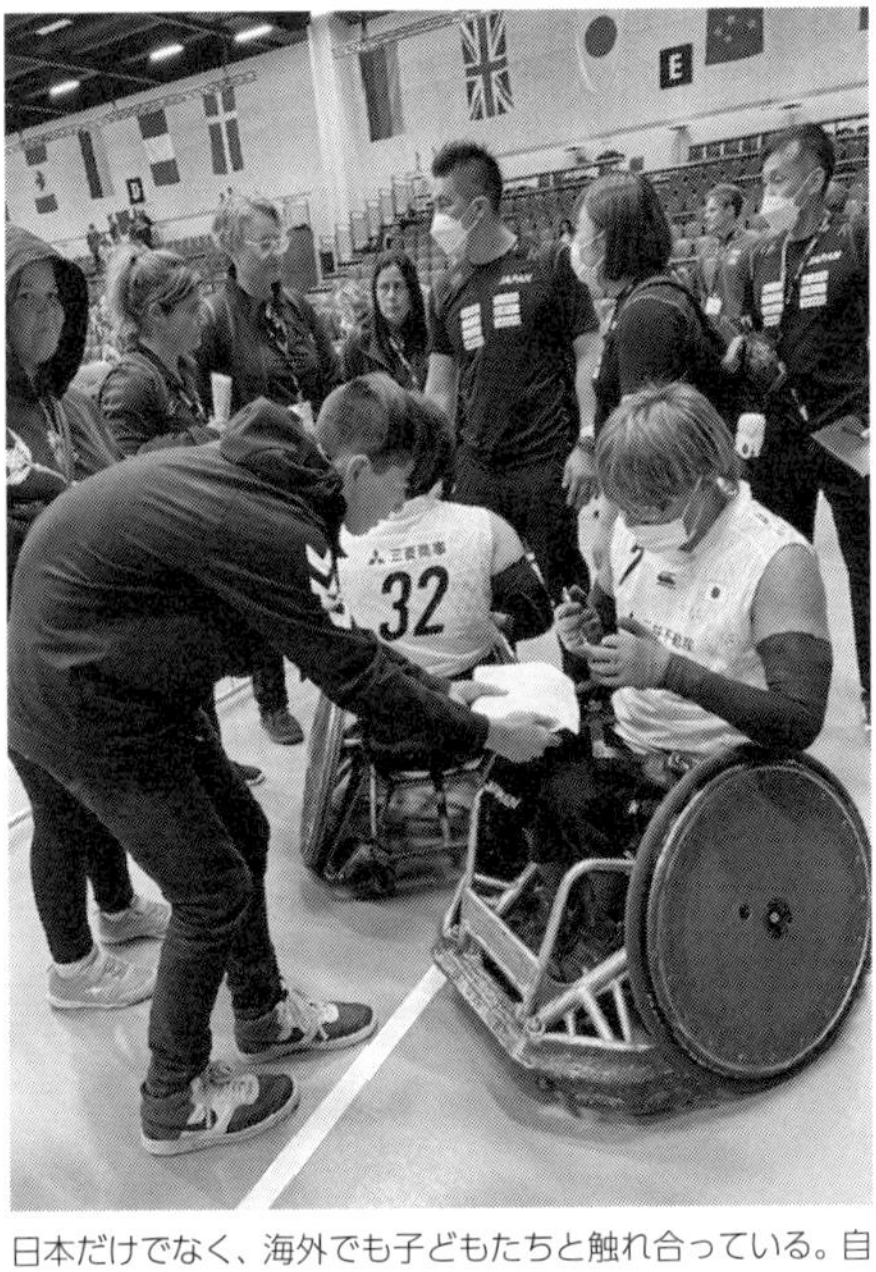

日本だけでなく、海外でも子どもたちと触れ合っている。自分の生き方が伝わればいいな

パラスポーツを支える企業

所属しているから言うわけではないが、三菱商事は昔から障がい者支援・福祉には特別な思いをもって取り組んできた。

さらに、今は社会貢献の一環として、パラスポーツをはじめとするインクルーシブ社会実現のための施策に熱心に取り組んでいる。

僕も所属する前から障がいを持っている子どもたちに対する三菱商事のイベント活動を見ていて、「競技以外に私の役割があるな、僕も子どもたちにパラスポーツを教えられるかな」と思い、自分で申し込んで交渉し、2016年7月、嘱託社員雇用で入社した。

自分で申し込んで交渉したことも、人生を変えた大きな一つかもしれない。

何かを変えたいのなら、自分から動くことが大切だ。

パラスポーツの体験会、講演会で三菱商事の社員の皆さんと全国各地を回ったことは自分にとって貴重な財産だ。

今、僕はプロ契約の選手として三菱商事に所属しており、「競技や競技以外の活動にも目を向け、自身の活動の幅を広げることを意識してください」と背中を押されている。

それ以外にも、日本軽金属ホールディングスや橋本エンジニアリングといった企業など、多くのスポンサーの皆さまから支援をいただいている。

一方、プロ契約やアスリート雇用ではなく、普通に平日はフルタイムで働くパラスポーツの選手もいる。

どちらを選んで進むかは、その人の考え方、生き方だと思う。

どちらがいいとか悪いとかの問題でもない。

それにしても、僕が車いすバスケを始めた頃と比べれば、パラスポーツの知名度は上がり、社会の理解度も高まったと感じる。

もちろん、まだまだ発展途上の部分はあるが、障がいの有無にかかわらず、もっと双方が交じり合う社会になればいいと思う。

例えば、車いすに乗っていたり、視覚障がいのある先生がもっと多くいたっていいし、車いすの俳優、車いすの警察官とか、そういう人がいる世の中を当たり前にしていきたい。

車いすの人気タレントがいたっていい。

今はまだ、受け入れてくれないだけ。そこを変えていきたい。

車いすユーザーだって、元気な人はたくさんいる。

そうしたプロダクションを立ち上げても面白いかもしれない。

そんなことも、ふと考えてしまう。

パラスポーツ選手の引退後

パラアスリートもいずれ引退の日がやってくる。

引退後にビジネスができる環境は、現役中に整えておけるならいいが、少なくとも現役中に考えておくべきだ。

それは利益を生むようなビジネスなのか、パラスポーツの普及なのか、わからないけど、いろいろなパターンがあるのでは。

自分自身、今はメディアに少しでも露出を多くして、これからも体験会、講演会をメインにして活動していくが、そうした道を現役中に作っておいた方がいいと思う。

パラアスリートというカテゴリーの中で、一つの競技を極めればここまで来ることができるんだよということを自分でも示したいし、ビジネスもできるし、ラジオにもテレビにも出られるという道……そうしたいろいろな道を後輩たちに示していきたい。

だって現役の今しかできないから。

現役という栄光の道が、いつ行き止まりになるかわからない。

だからアスリートは、現役を引退したら終わりではダメだ。

引退後、現役とは違う道に行ってもいいのだから、今、小道だけは作っておくべきだ。

自分の場合は、まだ「池崎大輔」という名前が生きている間に。

いつ大ケガをして選手生命が絶たれるかわからない。

現役を引退した時、今まで築き上げたものを生かして生きていかないといけない。

スポーツ選手なら特にそうだろう。

現役時代の結果だけでは生きられないし、過去は時間が経てば薄れていくもの。

アスリートは、元々、道がない中で、自分の道を作っているのだから。

その上で、少なくとも小道を現役の間に作っておきたい。

「練習したい、じゃあどこにする？」って探し始める手間が、自分たちの世代にはあったが、そうした手間や苦労は後輩たちにさせたくない。

現役後も一緒で、現役引退後のライフスタイルの提案を、年長者は示していくべきではないかと思っている。

ちなみに、自分はいつか、車いすラグビーチームの監督をやってみたい。

そんな思いが、今、芽生えている。

やっぱり、スパルタになるのかなぁ(笑)。

あと、もう一つ、父さんの夢だったカニをメインに売る海産物店の経営もしたい。

4コマ漫画③

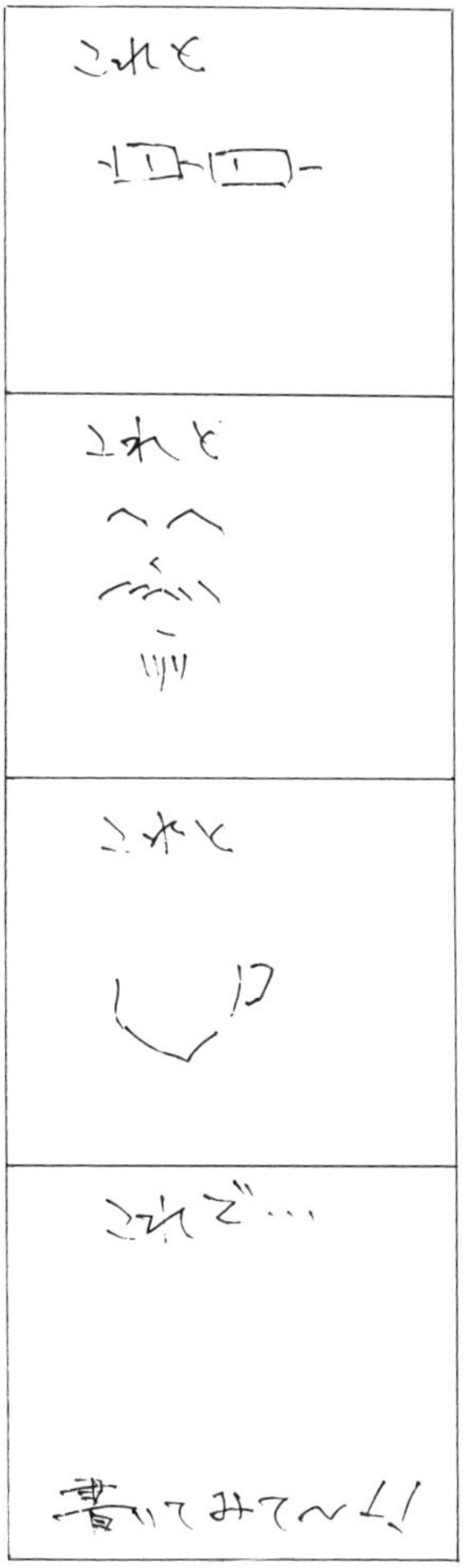

7project（ナナプロジェクト）について

僕が「障がいの有無に関係なく、すべての子どもたちが自身の将来に夢を描けるようになる」ためのお手伝いをしようと、日本車いすラグビー連盟で理事や広報委員長を務めた佐藤裕さんと立ち上げた団体が、「一般社団法人 7project」（通称ナナプロ）だ。

近い将来、身体的に精神的にそして金銭的に、可能な限り負担を削減した住み込み型合宿施設「7プロハウス」を形にし、子どもたちに無限の未来を提供したいと計画している。

アスリートの誰もが練習する環境に困らないような場所。

ここに駐車場があって、宿泊施設があって……という風に、頭の中ではだいぶ形ができている。

ここからさらに現実化に向けて動き出したい。

あと、企業にパラスポーツをもっと応援してもらえるようなビジョンもある。

例えば、三菱商事の車いすラグビーチームができるとか。

選手はその企業の体育館で練習するとか、そういう環境になったら最高だ。

ご興味のある方は、「一般社団法人 7ｐｒｏｊｅｃｔ」のホームページ内、「お問い合わせフォーム」からご連絡ください。

池崎選手を応援する人 その4

イサ・スポーツ・カイロプラクティック共同代表&車いすラグビー日本代表アスレチックトレーナー

伊佐和敏さん

いさ・かずとし
東京パラリンピック車いすラグビー日本代表チームアスレチックトレーナー
ブレイキン日本代表トレーナー
リオデジャネイロパラリンピック統合クリニック公式カイロプラクター
米国認定ドクターオブカイロプラクター
N.A.T.A.認定アスレチックトレーナー
一般社団法人日本徒手療法師会理事
カイロプラクティック制度化推進会議座座長

大輔さんとの出会いは、2017年5月、私が日本代表の合宿に行って挨拶した時です。

「スポーツカイロプラクターです」と言ったら、大輔さんは「興味あるんですよね」と言ってくれて、その日に体のケアも行いました。

「じゃぁ、明日も夜8時半にお願いします！」と言われましたけど、見事にすっぽかされました(笑)。

試合中、あれだけタイムコントロールができる選手なのに、何か強いスイッチが入らないとダメみたいです(笑)。


アスレチックトレーナーの仕事は、選手が万全な状態でプレーできるようにコートへ送り出すことです。

選手のケア、ウォーミングアップやクールダウンの際の指導、テーピング、ドリンクの準備などを担当します。

パラスポーツの世界に来て、すごいなと思ったのが、選手は「ここ(例えば下半身）は動かない、痛みも感じない」と言ってくるのに、それでも運動しているところです。

オリンピックに出るような選手は、ケガがひどくなると休みますが、パラの選手はそもそも大きな困難（障害や人生の生き死に）を乗り越えているから、そこでもう一歩踏ん張るので心身ともに強いと思っています。

代表の試合や合宿に参加する際は、カイロプラクティックをメインにやります。カイロプラクティックとは……これが日本語に訳しにくく、あえて言うなら、脊椎調整ですかね。現状は認知不足で整体と括《くく》られることもあります。

日本では資格がないから誰でも開業できますが、しっかり勉強するなら現状はアメリカなど欧米で勉強するしかありません。

カイロとは手、プラクティックとは技を指し、カイロプラクティックとはギリシャ語とラテン語の組み合わせで手技という意味です。

私たちは背骨にアプローチして、神経の伝達を正常に整え、筋肉を動きやすく、疲労を取りやすくできるので、選手が本来持っているベストな状態に持っていけます。

本来選手のケアには30分から1時間くらいかかりますが、例えば試合前に時間がない時などは、大輔さんから「肩甲骨をはがして！」と言われるので、肩甲骨の動きをよくするようにケアします。筋肉の疲労を取るのには時間がかかりますが、背骨や関節の調整なら数分で終わります。

大輔さんの体について言えば、とにかくストイックにトレーニングしている感じが体つきに表れています。

筋肉の質は……本当かどうかわからないけど彼は「疲れない、疲れない！」と言っていますし、ということは、ただパワーがあるだけではなく長時間動くことができる体なのかなと思います。

でも、彼はひざより下、ひじより先が動かないから、相当な負担が他の筋肉や関節にかかっていると想像します。

ケガをしても当然のように試合に出ますし、小指を骨折した時も、グローブをはめる際に相当痛かったはずですが、泣き言は言いませんでした。

関節も基本的には強いですね。

彼のひじは動くところとそうでないところの境目なので、しっかりケアしています。

大輔さんが他のパラスポーツをやったら？

才能が開くのは確実にパラ陸上ですね。

車いすラグビーのラグ車を動かす動きが、パラ陸上の車いすの部の選手の動きに近いからです。

大輔さんは「俺がパラ陸上をやったら、佐藤友祈(※8)より速いよ」って言っていました(笑)。

短距離もいけるけど、持久力もあるから中距離でもいけるかもしれませんね。

ただ、本人は「独りで練習するのは嫌だなぁ」と言っていました。

パリ大会に向けて、最大のライバルは自分たち(日本代表)ではないでしょうか。日本代表には準決勝の壁やアメリカの壁があると言われていますが、ケビン前HCいわく「そんなことはない。18年の世界選手権の準決勝ではアメリカに勝っているし、その次の決勝でもオーストラリアに勝った」とのこと。

とはいえ、オーストラリアに比べてアメリカとは対戦機会が少なく、22年のデンマーク世界選手権の準決勝でも敗れています。

そう意識せざるを得ないのは当然理解できますが、日本代表が自分たちで作ってしまっている壁とも言えそうです。

それを克服できたら、日本代表はパリで最高の結果が出るでしょう。

大輔さんは、東京大会よりも体はもちろんメンタルがいい状態だと思います。

とにかくケガだけは気をつけてほしい。

ケガをしても試合に出ると思うけど、パフォーマンスが少し落ちてしまうから。

ベストな状態で、パリで暴れてくれることを願っています。

※8　佐藤友祈（さとう・ともき）選手＝1989年生まれ、静岡県藤枝市出身。パラ陸上のスター選手。東京パラリンピックの400メートルと1500メートルに出場し金メダル。

選手が笑顔でゲームを終えられるように体の整備を手伝っている

第6章　ところ変われば

デンマークで感じたこと

２０２２年の世界選手権で訪れたデンマークの人たちは、試合を見ながら喜怒哀楽を出しまくり、大きなリアクションで盛り上げてくれた。

ブーイングも良かったなぁ。

デンマークの選手ですらミスをしたらブーイングを食らうし、相手チームでも素晴らしいプレーをしたら手放しで喜んでくれる。

試合終了後の地鳴りのするような拍手も嬉《うれ》しい。

自分たちがどうやってスポーツを楽しむのか知っている。

それは会場の地元の子どもたちもそう。

体育の特別授業の一環で試合を観戦していた彼らの目は輝いていて、試合後はサイン攻めにあった。

準々決勝の時かな、試合前のアップの時にも、何人かの子どもに「サインちょ

ー だい」と言われていたが、「レイター、レイター」と言って断わらざるを得なかった。

でも、僕のテンションは一気に上がったなぁ。

試合終了後は、僕を含め、日本代表にサインを求めて行列ができるほどだった。中には、色紙やノートがないから「腕にサインを書いてくれ！」と言う強者もいた。

「ん!?　何だって？　オデコに書いてくれだって？」と自分がその子のオデコに書こうとしたら、その子も周りの子もバカウケだった。

自分のボケがデンマークでも通じたことも嬉しかった。

後で知ったが、試合中、踊りながら観戦していた子、騒ぎ過ぎて先生に注意されている子もいたそうだ。

それに比べて、日本の子どもたちの応援は少し大人しいかな。

控えめだけど、きちんと丁寧に応援してくれる姿に、毎回、胸が熱くなる。

僕たちの世代は、子どもの頃にパラスポーツを見る機会はなかったけど、日本の今の子どもたちはパラスポーツの存在をはっきりと認識している。

障害についても、早い段階で考える機会を得ていると思う。

身近なところに、障害のある人がいるという認識があるだけで、そうした認識のない人とは全然違うのではないか。

デンマークでは、障害の有無に関係なく、スポーツをスポーツとして楽しむ姿勢にこちらがハッピーになった。

あと、演出として、試合で入場の際、選手はコールを受けてから、炎の前を通り抜けてコートに入った。

その炎の力が決して弱々しくなく、早く通らないと「熱っ！」ってなるくらい(笑)。

観客も盛り上がったのではないか。

さらに、プレイヤーオブザマッチを設けて、試合後に1人の選手を表彰することもテンションが上がる。

また、試合中のＢＧＭも気分が乗る曲をタイミング良くかけてくれるし、会場の皆さんを乗せようとする運営側もサービス精神にあふれている。

これらの点は、日本のいろいろなパラスポーツの試合会場でも取り入れてほしいと思っている。

しかし、デンマークの物価の高さだけは何とかならないかな。

日本の有名なハンバーガー店のお得セットみたいな場合、３５００円くらいはする。

だって消費税が25％だもん。

海外の食事について

好き嫌いが多いから、海外の食事は苦手。

イギリスはどうしてジャガイモばかりなの？(笑)

あれを食べているイギリスの選手が強いのは、それがお口に合っているからであって、だとしたら日本人の僕は海外に行っても日本食を食べればいいのだ。

イギリスで一番美味しかったのは、コーラだった(笑)。

でも、第4章で書いた今年4月の「2024ウィルチェアラグビー　クアードネーションズ」では、ホテルの食事が珍しく苦にならなかった。

スクランブルエッグ、ソーセージ、ベーコン、目玉焼き、パンなど、日本と同じようなメニューが出て助かった。

フランスは、パンとバターが最高に美味しかったなぁ。

こんな調子だから、スーツケースの半分は食料となる。

海外遠征の時に持っていくものは、カップ焼きそば、サバ缶、レトルトカレー、パックごはんが多い。

選手によっては調味料も。

カップ焼きそばは、2022年の世界選手権で同部屋だった慎さん(島川慎一選手)と3位決定戦後に一緒に食べたなぁ。

「デンマークで食っても、やっぱ、うめぇなぁ」って、一緒になって笑った。

基本的には世界選手権でも日本選手権でも、ホテルは会場のすぐ近くにあるが、ビュッフェ形式が多い。

デンマークの時は、ラザニア、サラダ、生ハム……他に何があったかな。

スタッフがごはんとみそ汁を用意してくれてありがたかった。

あとは飛行に乗っている時のしんどさが解消されてくれれば最高なのだけど。

横になるわけにいかないし、時々トイレに行く以外は座りっぱなし。

機内の映画を見て、音楽を聴いて……寝る！

おもてなし

そうそう、おととし（2022年）の国際大会「カナダカップ」で優勝した後、セレモニーで、現地の民族音楽なのかなぁ、そうした音楽をずっと聴かされていた時もあって。

聴かされたなんて言っちゃいけないね。

おもてなしとして、伝統と歴史を感じるような現地の音楽が披露されたのだが、もうすぐ終わるだろうなと思っていたら、予想よりもかなり長くて（笑）。

試合後なので、ちょっと、そのあたりは……。

もちろん、最後まで聴きましたよ！

そうした思い出も忘れられない（笑）。

カナダの皆さん、ありがとうございました。

番外編　池崎大輔をもっと知ってほしい

小さな色紙に大きな感謝

北海道にいる時によく行っていた札幌の焼肉屋「世界チャンピオン」で、ご主人が名言を店に飾っていた。

お店の名前が気に入って、自分も世界を目指したいから通い始めた。

車いすラグビーをやっていることを伝え、「僕にも何か書いてください」と言ったら、「池崎大輔　大きな夢、小さな夢、なにひとつとして、一人で叶う夢は、ない。おかげさま。」と書いてくれた。

色紙に書いてもらうまでは、感謝の意味などわからなかった。

それまでは、正直言って、人に感謝する人間ではなかったが、色紙をいただいて以来、自分のために誰かが何かをしてくれるからこそ、今の自分が成り立ち、車いすラグビーの選手でいられるのだと気づいた。

周りの人に感謝しなきゃなぁ、と初めて心から思った。

成長って、自分ひとりでしていくものではない。

環境、実力、パフォーマンス、いろんな情報を提供してくれる周りの人。

こうした感謝の思いは、第1章に書いた試合会場のコートに入る前の気持ちそのものだ。


色紙の「おかげさま」を噛みしめて、これまで多くの人から、知らず知らず、いろんなサポートを受けていたんだな、と。

だから僕に何かをしてくれた人は、僕が結果を出したら嬉《うれ》しいと思う。

僕もその人のおかげで成長できたら嬉しい。

お互い感謝できる関係性が成り立ったら、相手も自分も嬉しい。

おかげさま……何ていい言葉なのだろう。

大きな夢も小さな夢も、自分ひとりでは叶えられない。

2010年は自分が車いすラグビーの日本代表に入った、人生の節目の年でもある。

この色紙は、今も自宅の部屋に飾っている。

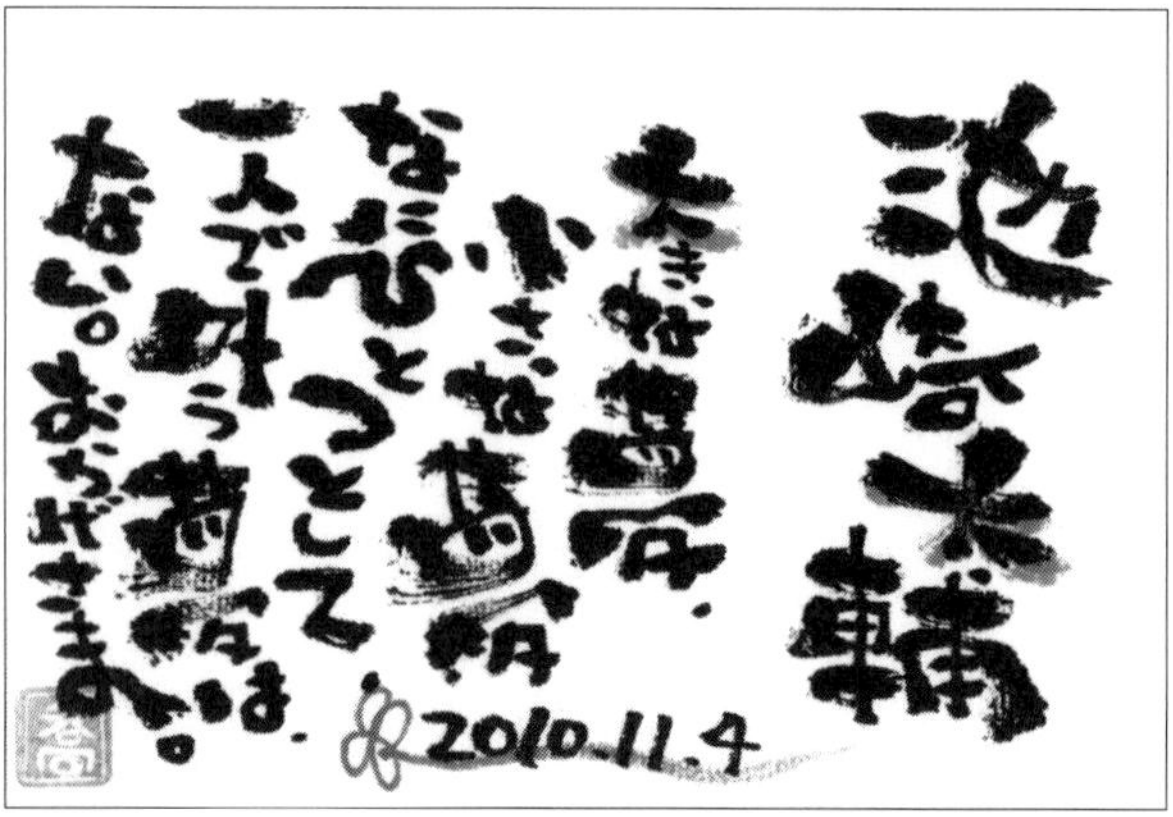

ケガについて

スポーツ選手なので、自分もケガが多い。

2023年2月、「2023　ジャパンパラ車いすラグビー競技大会」（通称ジャパラ。日本代表の強化を目的に世界の強豪チームと戦う大会）の1週間前に骨折した。

練習か何かで車いすを漕《こ》いでいる時、多分、タイヤに手が接触したんだろう。

そのあたり、正直言って、覚えていない。

ちょっと当たったなぁ、くらいの感覚で。

割と自分はケガに強い方だと思うが、右の小指の骨折がわかった時、「あぁ、自分に負けた（笑）」と思った。

手術するか、ネジで留めるか、そのままにするか。

三択が提案された……と勝手に判断した（笑）。

以下、先生とのやりとり。

医者「骨がずれているから、とりあえず真っすぐに治しましょう。そのままだと痛いよ」

池崎「どれくらい痛いですか？　左指でやってみてください」

医者「こんな感じかなぁ」

池崎「これくらいだったら全然大丈夫です。麻酔なしでやってください」

医者「みんな、麻酔しますよ」

池崎「全然平気です。今くらいの痛さなら耐えられます。やってください」

医者「本当にいいんですか？」

池崎「はい」

医者「本当にいいんですね？」

池崎「自分はケガに強いことで有名なんです」

医者「では、いきますよ」

池崎「はい……い、い、いて、いて痛て、痛て～」

グリグリってやられた。涙チョチョ切れそうになった。

補足する。自分はケガには強いが、痛みには普通に弱い(笑)。

医者「だから痛いって言ったでしょう」
池崎「先生〜無理〜」

後日、局所麻酔し、指を引っ張ってもらって骨を元に戻してもらった。

大会後、結局、骨はズレていたが……。

指を骨折しても試合はできるとわかったから、まぁ、いいか。

先生は、骨折の専門医で、骨がずれているからキレイに治すなら、ネジを入れて3か月間安静にしなさい、と。そのままだと、関節はゴリゴリするよ、と。

自分に3か月安静の選択肢はなく、パリに向けて練習で悔いを残したくなかったから、カルシウムやビタミンD摂取で回復を待ち、元に戻した。

その間、やはり痛い時は痛いので、超音波などで骨がくっつくようにケアした。

骨折は初めてではなく、リオデジャネイロ大会の4か月前に、手首の骨を折り、ボルトを入れて留めたことがある。

正直、この数年、ケガが多い。

2022年12月の代表合宿ではひざを剥離骨折してしまった。

その前は足の指を折っている。

トレーナーから「ケガには本当に気をつけないと」と言われているのだが。

ひざは、今は痛くないから治ったんだろうな。

車いすで足は守られているし、そのうち治るでしょう。

骨折についてはチームメイトも知らないし、こちらからも言わない。

気づかれたら「やめな」と言われるし、言う必要もない。

でも本番前にケガをしても、どこまでできるか、ジャパンパラでわかったことが収穫だった。

周りからは「ボールキープ、良かったね」と言われ、パスもよく通っていたが、改めて小指はボールを持つ際に必要で、折れて初めてその大きさを認識した。

パラリンピック本番の緊張の中、ベストメンバーを揃えてくる相手には、やはりこちらもベストなコンディションでないと立ち向かえないが、指が1本、2本折れた状態でも戦える。

前向きでしょ!?(笑)

そこは、今回、骨が折れて良かった点(笑)。

とはいえ、自分が気をつけていても、相手からの巻き込みでケガをしたり、骨折することもあるから、もっと気をつけようと思った。

一方、上半身は丈夫で筋骨隆々。

加圧トレーニングもやっているし、ジムで鍛えている。

加圧は両脇と太ももの付け根に圧をかけて血流を制限することによって、低負荷かつ短時間で筋力増強効果が得られる。

東京大会の後、ラジオに出た際、リスナーから「池崎さんが通うジムに、私も通っています」というメールが届いた時は嬉《うれ》しかったな。

背番号のこだわり

自分の背番号は「7」だが、スポーツ選手の背番号「7」のイメージは、チームのキャプテンではないけど、エースや中心的な存在だと思う。

サッカーの中田英寿さんが日本代表やクラブチームで「7」を着けていたし、何より「ラッキーセブン」の「7」ということで、昔からこだわりが強かった。駐車場やコインロッカーなどでも7番を探しちゃうなぁ。

デンマークの世界選手権でも、地元の子どもたちが日本のマスコミに「あの背番号7は、何ていう名前？」と聞いていたそうだ。

「イケザキだよ」ってその人は答えたみたいだけど、子どもたちはキャプテンの池と名字が似ていて、理解するまで少し時間がかかったらしい。

団体競技で背番号の持つインパクトは大きく、選手そのものかもしれない。

自分は求められるサインにも必ず「池崎大輔　7」と入れている。

どの競技でもいいから、若い世代でこれから世界を舞台に戦う選手が、背番号「7」を着けて羽ばたいていってくれたら嬉《うれ》しい。

ちなみに、ブラジル代表の背番号「7」の選手はガラが悪かったなぁ。

日本の背番号「7」とは大違い！

え？　池崎と同じようなもの？　聞き捨てなりませんな(笑)。

私は、こう見えて、品行方正ですから！

大事な背番号「7」を背負い、試合に挑む(手前から2人目)

警察24時!?

車を運転していると、よく職務質問される。

黒のアルファードって、そんなに怪しいかなぁ。

明らかに洗車していない車を運転していると、警察官は職務質問する確率が高いとどこかで聞いたことがあるが、私は週に2日は洗車しているし、ピカピカの車に乗る以外、考えられない。

この前も、とある国道でパトカーにつけられ「前方の黒のアルファードの運転手さん、止まってください」と言われ、またか、と。

素直に従って、免許証を見せると何も怪しくないと思ってもらえるのだが。

時々、「池崎さんって、あの、車いすラグビーの?」と言われる。

「はい、そうです」と言って、車の中を確認されるわけだが、警察24時のような局面に……なるわけがない。

車の中は、いつも車いすだけだ。

確かに、普段は上下黒のスウェットを着て、目深に帽子をかぶり、ヒゲをはやしているから、職務質問の対象になりそうだけど……。

趣味は車です！

免許を取得したのは、高校を卒業してすぐだった。

車のこだわりはカッコ良さかな。

若い頃はスポーツカーに憧れたけど、競技を始めてからは車いすを積める大きな車が欲しいとか、年代によって気持ちも変わってきた。

これまで6台くらいに乗っている。

初めて自分で買ったのはミラ（ダイハツ）で、この車で走るのが好きだった。

価格は120～130万くらい。

初めてドライブしたのは函館山だったと思う。

仲間と一緒ではなく、1人で行った。

当時、どんなことを考えていたんだろう……。

今、運転自体は、安全運転だ。優しい運転を心がけている。

あ、洗車と合わせて、もう一つのこだわりは、ワックスかな。
常にピカピカじゃないと、気分が悪くなっちゃう。
室内も、同乗者に余計なところをベタベタと触られたくないほどのきれい好き。
引かないでください(笑)。

リラックスできる場所

癒しのスポットがある。

第3章の終わりに紹介されていたけど、月に1～2回行くアトレ新浦安にある美容院「Beauty Salon TANAKA」だ。

茶髪は私のトレードマークの一つ。最近は金髪に近いって言う人もいるけどね。

ここでは、カラーはもちろん、カット、ヘッドスパまでやってもらう。

ヘッドスパはあまりに気持ち良く、いつの間にか眠ってしまうほど。

ある時は、私のいびきが店内中に響いていたらしい。

そもそもはトレーナーさんに紹介されて行き始めたが、今やリラックスできる大事な場所だ。

試合を見に来てくれる大久保店長にもスタッフの皆さんにも、車いすラグビーの魅力が浸透し、自分を応援してくれる気持ちが、ひしひしと伝わってくる。

時にくだらない話をすることもあるけど(笑)、競技のことを一瞬忘れて、また翌日に向けて新たなスイッチが入る場所があるのはとても貴重だ。

大久保店長、スタッフの皆さん、いつもありがとうございます。

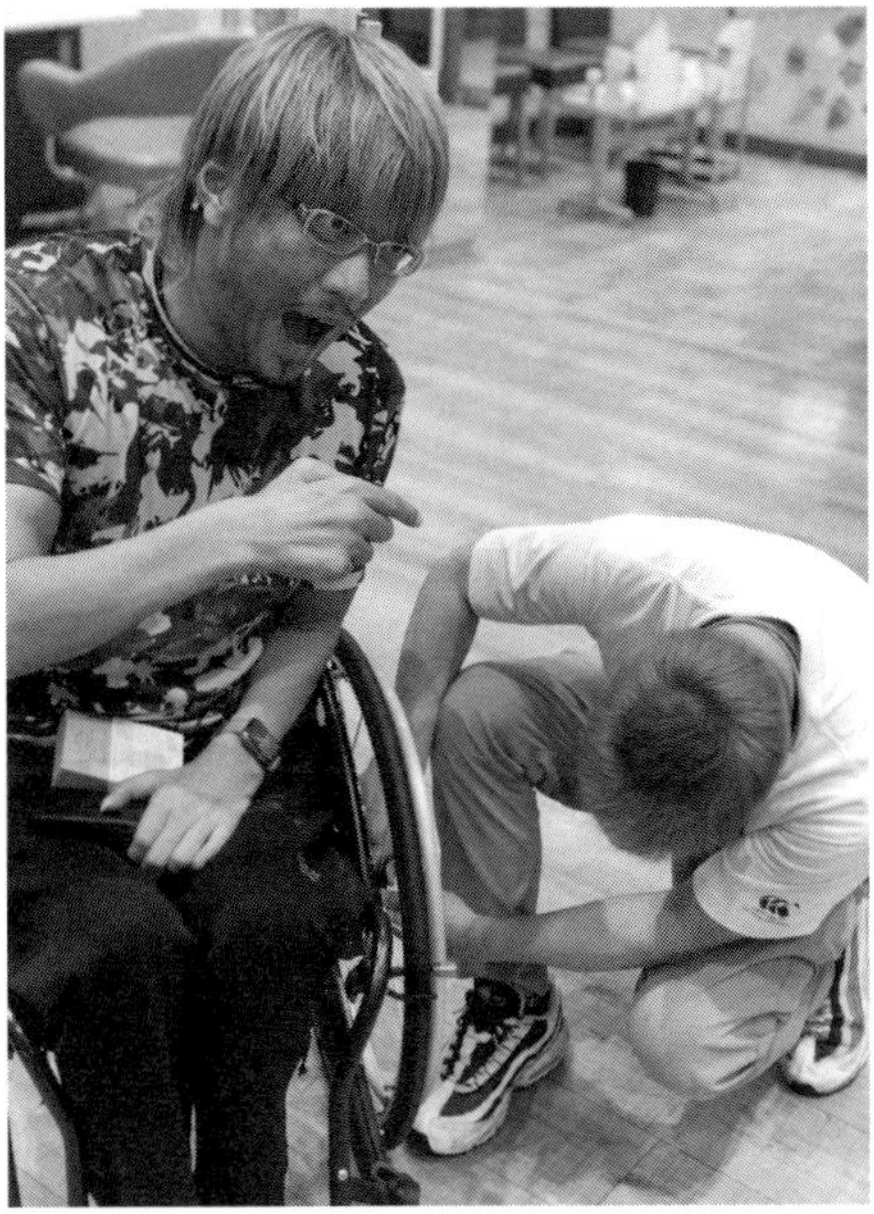
美容院でおどける池崎と車いすラグビー日本代表のメカニック担当の川崎さん。ここに来ると楽しい

大好物について

焼き肉は私のパワーの源だ。

タン、ハラミ、ロース……と続き、ホルモンかホタテで締める。

店によっては、チョリソーがあるのでそれを焼いたり。

昔は何人前も食べたけど、最近はだいぶ減ったと思う。

お酒が飲めないので、コーラを飲みながら、肉とごはんを一緒に食べる。

ごはんは早めに持ってきてほしい。何だったらおしぼりより先でもいい。

肉の焼き方について、人によってはよく火を通す方がいいという人もいるけど、自分は生でもいいくらい。

最近は、少し火を通せばおいしい肉ばかりだと思う。

ホルモンだけはカリカリに焼くのが好き。

皮(ヒダのある方)を先に焼くのがポイントで、数珠つなぎにして固めて焼いた方が、お互いの油が循環しておいしくなるから是非やってみてほしい。

ホルモンは油が多いけど、ビタミンが豊富だから食べた方がいい。

ホルモンの味付けはタレよりも塩が好き！

どれだけホルモンについて語るのよ！(笑)

もう一つ、ホタテを焼く前にお皿に添えてある輪切りのレモンを使って網に塗るように油をとっておくと、すごくきれいに焼けるので、一度試してみて。

普通、ちょこちょこひっくり返さないとホタテが網に引っついてしまうけど、レモンの力でホタテが網に引っつかなくなる。

あとは、自分の病気には貝がいいらしいけど、どうも尿酸値が気になる(笑)。

焼肉を食べながらお酒を飲む人も多いけど、アスリートとしてはお酒が飲めなくて正解だったと思っている。

お酒が飲めたら、それも多く飲めたら、自分の性格から何か大きな事故や事件を起こしていた気がする。

「池崎は、あのイカつい顔で酒が飲めないのか」

そう噂《うわさ》する人も多いそうだが、はい、飲めません(笑)。
あと、お寿司も好きですよ。
トロ、ウニ、イクラ、エビ、エンガワ、ホタテ……。
ここでも、ホタテが出てくるなぁ(笑)。

焼肉以外に何を食べているの？

朝は高機能家電でパンを焼いている。

それにチーズとかハムを乗せて食べて、牛乳、ゴールデンキウイも摂る。

寝る前はＥＡＡというサプリを飲んだり。とはいえ、基本はサプリよりも固形物だ。あくまでサプリはサプリで補助食品。

また、大きな試合の前は瞬発力を出すため、炭水化物を体内に貯めこむカーボローディングをしている。試合数日前から糖質を身体に貯めて、試合で爆発力を出せるようにしている。

身体を大きくするには、トレーニングを継続して、糖質、タンパク質を摂らなければならない。もちろん睡眠も大事。

それらを2～3か月やって初めて身体が大きくなる。

そうしたことは積極的にトレーナーに聞いたり、サプリの説明書から学んだ。

几帳面ですが、何か？

意外と思われるかもしれないが、肌のお手入れはきちんとしている方だと思う。洗顔料も新しいものを試したいタイプ。

この前は炭酸泡でフニュフニュして、毛穴や古い角質をとってくれるものを購入した。

でも、美に目覚めているわけではないし、日焼けサロンにも通っているから、偉そうなことは言えないが、毛穴の黒ずみは男としてなくていいと思っている。

あと、財布の中もカードやお札はきれいに揃えておきたい。

合宿に行く時のスーツケースやかばんの中身も、下着、シャツなどをきれいに畳んで入れたいし、そうやって入れていない人を見ると「うわー」と引いてしまう。

遠征の際、スーツケースの半分は日本食。

もう半分は着替えで、スーツケース自体もみんなより小さい。

遠征先の部屋も、着替え、タオルなど、きれいに整頓している。

たまに部屋が一緒になる池からは「池崎さん、なんでそんなにきれいなんですか！　ボクもきれいにしよう」と言われる。

実は几帳面(笑)。遠征のスーツケースの中もこの通り

海外遠征の時は、スーツケースの半分は日本食が占めます

特に刺激を受ける人

車いすテニスの国枝慎吾さんがプロとして活躍している姿を見て、自分もこうなりたいと思ったし、もし若いパラアスリートがこれから「池崎大輔のようになりたい」と思って頑張ってくれればこんなに嬉《うれ》しいことはない。

パラスポーツだけじゃなく、例えば歌も出せる、芸能界にも入れるといった選択肢を得られる道を、後輩のために作りたい。

多くの選択肢があると、たくさんの人と接する機会が増える。

それが積み重なり、折り重なって、共生社会への道が一つ実現するのではないか。

あと、自分は作家の乙武洋匡さんの博識ぶりや行動力も尊敬している。

本は大ベストセラーだし、教師にもなったし、ユーチューブでも頑張っているし、女性にもモテるから(笑)。

家族もいます！

子どもたちは、上から12歳、10歳、7歳で女、男、男の順。

僕の国内の試合はユーチューブで見ているそうだ。

「パパのプレー、すごいね」と言われると少し照れる。

子どもを見ていると、今、ようやく人生を楽しみながらトップを目指したいと思えるようになってきた。精神的に変わったのかな。

アスリートなのだから、困難なことがあってもプラスに変えるものと信じてやっていくしかないし、真剣勝負だからいつも楽しいわけじゃないけど、目標を追いかける楽しさが車いすラグビーにはある。

子どもには「今日、学校で何があった？」と聞いたり、「今度スキーやりたいな」と言われたり、どこの家庭でもありそうなそういう会話をしている。

奥さんにも本を出すことを告げたが、「すごいね」と素っ気なかった（笑）。

普段の池崎

普段、意外にも進んで格闘技は見ない。

テレビでやっていれば見る程度。

お笑いもドラマも見ない。だから普段は本当につまらない男だ。

唯一見ているのが、オリジナルビデオシリーズの『日本統一』や『CONFLICT』。

俳優の本宮泰風さん、山口祥行さんの迫力はすごいし、フィクションの世界とわかっていても、グイグイと引き込まれてしまう。

新作を見て、それまでのあらすじや人間関係を忘れてしまうと、前の作品に戻ってもう一度見たりしている。

好きなアーティストは安室奈美恵さん。お気に入りの曲は『Hero』だ。

ここぞという時に聴く。

例えば、試合前なのに全然テンションが上がらない時。

東京大会の時の3位決定戦の時も聴いた。

イヤホンをかけて、目を閉じながらじっくりと聴く。

試合前の宿舎は他の選手と同部屋なので、イヤホンで音が漏れないようにしている。

安室さんのことはずっと好きで、自分たちはバリバリの安室世代だ。

『Ｈｅｒｏ』はＮＨＫの２０１６年リオ大会の中継テーマソングでもあり、特別な思い入れがある。

リオ大会で日本代表は初めてパラリンピックで銅メダルを獲ったという嬉《うれ》しさ、悔しさが、リオから帰ってきた時にリピートして、録画した試合の映像を見る度に安室さんの『Ｈｅｒｏ』がかかったものだ。

自分の車いすラグビー人生の一つの節目だったリオ大会を常に思い出させてくれるのが『Ｈｅｒｏ』という曲なのだが、パラの悔しさを思い出させてくれることがここぞいう時に聴く一番の理由かもしれない。

悔しさというのは、モチベーション(やる気、動機づけ)になる。

リオで銅メダルの喜びは確かにあったけど、冷静になればまだ上に2チームいる。

徐々にそうした気持ちがムクムクと湧き出し、悔しさが激しくこみ上げてきた。

楽しいことがモチベーションになる人もいるかもしれないが、自分は壁にぶち当たった時、それを乗り越えた時、何かが終わってしまった時といった方がモチベーションに繋がる。

たとえ優勝した大会でかかっていた曲があったとしても、自分はそれを聴いてやる気が出るという感じにはならない。

悔しい、しんどい、辛い……そうしたマイナスの思いの方が「もう、あんな思いは絶対にしたくない。だから頑張ろう」という気持ちになる。

『Ｈｅｒｏ』は、自分を奮い立たせてくれる曲だ。

障害者の排泄について

体が排泄のタイミングを感じず、普段から薬(下剤)で排泄する選手もいる。3時間くらいトイレに籠っていることもあるという。

そういうところも読者の皆さんに知ってもらえるようになると、自分の身の周りの人への理解が深まるだろうし、公共施設などでの多目的トイレは障害を持っている人がいつ利用してもいいように空けておこうという気持ちになるのではないか。

皆さん、お願いしますね！

映画監督の崔洋一さん

崔監督は以前から車いすラグビーに強く関心を持っていて、ドキュメンタリー映画を作ってくれた。

WOWOWの『ノンフィクションW　格闘球技ウィルチェアーラグビー　十二人の戦士と百の言葉』だ。

リオデジャネイロパラリンピックの前に、半年間、日本代表に密着してくださり、「ありのままの日本代表を視聴者に届けたい！　車いすラグビーをみんなにもっと知ってもらいたい！」という思いが嬉《うれ》しかった。

映画の反響も大きかった。

当時、オーストラリアリーグにいた私のところにも撮影に来てくださり、おかげで多くの方々に車いすラグビーを知ってもらうことができた。

2022年11月27日、崔監督はぼうこうがんで亡くなった。73歳だった。

残念ながらお別れの会には行けなかった。
きちんと挨拶したかったという悔いが今も残っている。

今、困っている、悩んでいる、目標が見つからないといった人たちへ

目標を無理に見つけなくてもいい。

生きているのが精いっぱいという人も多いから。

目標や生きがいは、自分の周りから自然と出てくる、見つかるものだと思う。

夢や目標がないからいけないなんてことは全くない。

無理して見つけなくてもいい。

なかったら、なかったでいい。

自分の人生なのだし、極端なことを言えば、目標がなくても一日一日楽しかったらそれでいいわけだし。

夢や目標が、日々のストレスになってしまっては本末転倒だ。

無理しなくていい。自分のために生きるのが人生なので。

あまり悩まず、自分がしたいように生きていけばいいのではないか。

今、かつての池崎少年に声をかけるとしたら？

小さい頃にわからなかった考えや現実を、今、知ってしまっているから、なかなか難しいけど、「障害に負けずに生きていきなさい」と伝えるのは違う気がする。それを言うことによって「自分は人と違うんだ。どうしよう」と悩んでしまう可能性だってある。

第3章の函館のページでも書いたけど、自分の小さい頃は、みんなと一緒に障害があるかどうか関係なく遊んでいた。

よく驚かれるけど、自分には障害があるのかと気づいたのは高校生くらい。

この本を読んでくださっているあなたも、僕も同じ人間。

当時の池崎少年にかける言葉は……「子どもらしく、もっと遊べ。たくさん友達を作って。自分は自分だよ。人と比べるな。比べたら切りがないよ」かなぁ。

意外とたくさん伝えたいことがあったな(笑)。

車いすラグビーを始めたい人へ

車いすラグビーを始めたいと思ったら、気軽に近くのクラブチームに連絡して、まずは競技用の車いすに乗って楽しさを感じてほしい。

2024年度、日本車いすラグビー連盟に登録しているクラブチームは、全国に10チームある。

北海道のシルバーバックス、福島・東北の東北ストーマーズ、千葉のライズ千葉、東京のブリッツ、東京・埼玉のアックス、兵庫・大阪のウェーブス、高知のフリーダム、福岡の福岡ダンデライオン、沖縄の沖縄ハリケーンズ、そして今年(24年)4月1日に誕生したばかりの東京・埼玉のグランツだ。

日本車いすラグビー連盟のホームページには、それぞれのチームの問い合わせ先が掲載されている。

どこもフェイスブックをはじめ、SNSでやりとりができる環境にあるので、興味のある方はお近くのチームまで連絡を取ってみてほしい。

楽しさが大事！　徐々にプレーしていくうちに楽しさは少なくなってくるけど、その代わり、体やメンタルが強くなるから、コツコツと続けて「もっとうまくなりたい！」とか「世界に出ていくぞ」と思ってほしいな。

私は30歳で車いすラグビーを始めた。

何歳からでもOKだけど、その前にスポーツをしておいた方がいいと思う。

それにしても、なぜ、車いすラグビーの選手は四肢に障害があることが条件なのだろうか。

「条件がキツくないか？」と言われることがある。

その一方で、今よりも障害が軽い人にまで対象を広げると、車いすにもっと大きな力が加わって、相手に大ケガをさせる可能性が高まると聞いたことがある。

なるほどな、と思う。そもそも、競技としては1977年にカナダで「障害が重い人にもスポーツができる機会を！」ということで考案された。

当時は、主に頚髄《けいずい》損傷、手にも足にも障害がある人が対象だった。最初はその人たちを対象にして誕生したが、車いすラグビーは多くのスポーツの影響を受け、ルールに反映させてきた。

対象は、頚髄損傷から切断、自分のような難病で手足が十分に動かない人などへと広がっていった。

車いすラグビーを考える時、たまに思い浮かぶのだが、多分、このスポーツを考案した人たちは、障害を持っている人に少しでも強い気持ちを持って人生を送ってほしい、自立して生活していってほしいという思いがあったのではないか。

そうでなかったら、障害の重い人を対象にしたこんなに激しいスポーツが生まれないはず。

倒れても起き上がって相手に向かっていく、その競技性。

これは一般のラグビーにも言えると思う。

車いすラグビーから強さをもらった僕……共感してくれたら嬉《うれ》しいな。

車いすラグビーは真正面からぶつかり合う分には問題なく、相手の車いすが転びかけているところなどにタックルすれば反則だが、基本的にはタックルされて倒れた方がファウルをとられる。

これってボクシングと似ている。

ボクサーはダウンして立ち上がってもそのラウンドのポイントを失う。

それでも、立ち上がってまた相手に向かっていく。

ダウンを奪い返しに。

迫力もエンターテイメント性も十分な車いすラグビー。

見どころ満載だから、是非、一度、会場で！　お待ちしています。

また、国内の試合については、今年(24年)の12月20日から22日まで、神奈川県の横浜武道館で「第26回車いすラグビー日本選手権」が開催される。

横浜市で初開催ということで、是非、皆さん、試合を見に来てください。

会場でお会いできることを楽しみにしています。

気軽に声をかけてください！

【あとがき】

『新時代』なんていうタイトルに驚きましたか？

つい最近まで自分が本を出すとは思わなかった一方で、いつか誰かにこれまであまり自分から話していないことを伝えたいというふうに思っていました。

タイトルの『新時代』には、パラスポーツが今よりもっと身近な存在になり、いつかそんな時代が来ることを信じて走り出したいという思いを込めています。

そのためにパリパラリンピックで最高の結果を出す。

時代は作るというよりもむしろ、変えていくものです。

もっとパラアスリートにスポットライトが当たるような時代にして、自分がパラアスリートのロールモデルになりたい。

仕事でも、引退後のセカンドキャリアでも、パラアスリートの選択肢が増えるような時代に変える。

その役割が僕にはあると思っています。

車いすラグビーとは、自分の生き方、自分とともに生きる競技です。

この競技に出会えて、自分の人生は劇的に変わりました。

出会えなかったら、どんな人生だったか。

人に誇れるものは何もなかったかもしれません。

車いすラグビーを始めてから、多くの個性的な皆さん（笑）と出会えたことも大切な財産です。

せっかくの人生、いろんな人と出会い、いろんな経験をしていきたいですよね。

その中で「これだ！」というものを見つけて、ひたすら走っていくのも良し。

何でも広く浅く試してコツコツと経験を積むのもまた良し、です。


あと少しでパリ大会が開幕します。

涙に暮れた東京大会から3年。

パラリンピックというこの上なく大きな舞台で悔し涙を流すのは、もう嫌です。

それはライバルたちも一緒でしょう。

相手チームも死に物狂いで日本に向かってくるはずです。

特にフランスは地元だし、強化も進んでいます。

2022年のデンマーク世界選手権の時よりも強くなっていることでしょう。

アメリカ、オーストラリア、イギリスも日本戦になると燃えます。

こっちだって、負けてたまるか。

信頼と団結、決断と実行！　これですよ。

パリでは必ず金メダルを獲って、自分を、日本代表を応援してくれる皆さんと喜びを分かち合いたいです。

次の涙は嬉《うれ》し涙しかありません。

東京大会での忘れ物をパリに獲りに行きます。

2024年7月吉日

池崎　大輔

本の構成を担当した後藤から

◆どうやって今回の本が誕生したのか?

池崎さんが今回の本の出版を知り合いの方に事前に伝えた時、「すごいじゃん！でも本って、どういう流れで出せるの？　俺も出したい！」と何人かに聞き返されたそうです。

そのため、池崎さんから「本を出す経緯をみんなに教えてあげてほしい。後藤さんの例を出すことによってヒントになると思うから」と言われ、この場を借りて書かせていただきます。

私は2018年から4年間、ラジオの文化放送で『みんなにエール！』というパラスポーツ応援番組を担当していました。

パーソナリティは、元日本テレビアナウンサーで、現在はフリーアナウンサーの町亞聖さんです。

町さんとは数多くの競技を一緒に取材し、番組内で丁寧にレポートしていただきました。

22年2月、ある競技を取材後の帰り道、町さんから「番組はもう終わってしまうけど、4年間でたくさん取材しましたね。後藤さんは、もう一つ別のパラのコーナーを担当していたから、私よりもっと多くのパラアスリートに会っていますよね。だから、後藤さんは、これから何かパラスポーツの本を書いてみればいいんじゃないですか」と言われました。

私は突然そんなことを言われてびっくりしましたが、「え〜　何だろう……選手に密着した本ですか？」と反応しつつ、何人かアスリートの名前が浮かびました。

気づくと「そうなると、やっぱり、池崎さんですかねぇ」と答えていました。

それだけこれまでの池崎さんの印象やパラリンピックで活躍したシーンはインパクトがあり、さらに日本車いすラグビー連盟の当時の広報担当だった佐藤裕さんにもお世話になっていたので、そうした会話になったのだと思います。

「番組が終わっても、何となくこのままパラスポーツの世界と縁が切れるのは嫌だなぁ」と思っていた私に、町さんの言葉が背中を押してくれました。

そこから本の簡単な企画書を書き、3月末、佐藤さんとともに池崎さんと3人で会い、「本を書かせてください」と伝えたら、「いいですよ」と即答してくれました。

第一関門突破(笑)。次は出版社です。

私はこれまでの番組作りで出版社や新聞社にもお世話になっており、今回の話を聞いてくれそうな報知新聞社ビジネス局出版部の南公良さんに「車いすラグビー日本代表の池崎大輔選手の本を書かせていただけますか」と伝えたところ、「いいですよ」と、こちらもすぐに快諾していただきました。

自分でも驚くような早い展開。池崎さんと報知新聞社のおかげです。

ありがとうございます。

割愛した部分もありますが、だいたいこのような経緯で本の出版が決まりました。

◆そもそも池崎選手との出会いや第一印象は？

18年の世界選手権で車いすラグビー日本代表が金メダルを獲得し、それから割と早い段階で、当時、文化放送で私が担当していた『斉藤一美ニュースワイドSAKIDORI！』という番組の中の一つのコーナー『応援！ ユニバーサルスポーツ』に、池崎さんが出演してくれました。

文化放送のビル1階の駐車場で初めて池崎さんと会い、第一印象は「(下半身に障害があっても)車を運転できるんだなぁ。肩幅が広くて上半身の筋肉がムキムキだなぁ」です。

生放送でも自らの言葉で自らを表現でき、パラスポーツの未来にも心を寄せていました。

見た目は茶髪でコワモテ……でも、目がさみしそうでした。

それが妙な違和感として残り……。

その後、池崎さんは、東京大会の4か月前と大会閉幕直後にもラジオ出演してくれました。

◆どこで池崎選手に取材していたのか?

浅草の喫茶店、都内の焼肉屋さん、お蕎麦屋さん、新浦安のお寿司屋さん、など。

1対1の本格的な取材が始まったのは23年1月から。月に1回、あるいは2か月に1回くらい取材していました。

◆取材して感じた池崎選手の魅力は?

力強さと繊細さが同居しているところ。

学生時代に勉強はしなかったようだけど、地頭がいい点。

困難を乗り越えて、裸一貫からのし上がってきた戦後のおとっつぁんのような人生の歩み方。

人との縁を大切にするところ。

あとはやっぱり、普段よりも試合中の池崎さんの方がカッコいいです(笑)。

◆取材で特に印象に残った池崎選手の言葉は?

車いすに乗っているくらいで障害と言えるのでしょうか?

すみません、もう少しで着きますから!!

(いつも取材時間に遅れてくるため笑)

言葉ではないが、池崎さんがお父さんの話をすると、表情と声がいっそう明るくなるのが印象的。

◆池崎選手へのエールは？

時に失礼な質問をしたり、取材後の食事では、こちらだけ酔いが回っていい気分になっていたり、池崎さんには知らず知らずご迷惑をおかけしました。辛かった過去も振り返ってもらってありがとうございます。

パリ大会では、チーム一丸となって、プレーヤーとしても精いっぱい力を出し切ってほしいです。

◆読者の皆さんへ

最後まで読んでいただき、ありがとうございます。

ほんの少しでいいので、これからも池崎さんをはじめ、パラスポーツの選手を応援してください。

皆さんの応援が少しずつ集まれば、やがて大きな輪となって、選手や競技団体の活動を後押しします。
どうぞよろしくお願い致します。

後藤知紀(ごとう・ともき)＝1975年、東京都台東区生まれ。神奈川県大磯育ち。日本大学法学部法律学科卒業後、しばらくしてから構成作家に。これまで文化放送を中心に、みのもんた、浜美枝、峰竜太、小谷実可子ら、数多くのラジオ番組制作に携わる。本作りは今回が初めて。熱狂的巨人ファン。

カバー写真撮影　竹見脩吾(たけみ・しゅうご)＝1985年生まれ、東京都出身。祖父、父も写真家。日本大学芸術学部写真学科卒業後、カナダに渡り現地新聞社に就職。米国通信社ZUMA　PRESSを経てフリー。東京オリンピック・パラリンピック競技大会組織委員会フォトグラファー。現在は複数の競技団体のオフィシャルフォトグラファーを務める。日本大学芸術学部写真学科非常勤講師。

構成を担当した後藤(右)と池崎選手。実はツーショットはこれが初めて

2024年7月17日　初版

新時代
車いすラグビー日本代表　池崎大輔が見つめる未来

著者　池崎　大輔
構成　後藤　知紀
発行者　永山　一規
発行所　〒130-8633
東京都墨田区横網1-11-1
電話　03(6831)3333（代表）
報知新聞社

カバー写真　竹見　脩吾
カバーデザイン　杉枝　友香(株式会社アサヒ・エディグラフィ)
本文デザイン　株式会社サン・ブレーン
印刷所　株式会社サンエー印刷

Special thanks　一般社団法人　日本車いすラグビー連盟
株式会社　TBSラジオ

ISBN　978-4-8319-0179-8